KB120475

모두를 위한
게임 취급 설명서

모두를 위한 게임 취급 설명서

최태섭 지음

Simulation

MMO

PC

PUZZLE

Roll Playing

Action

Adventure

게임에 대해

궁금하지만 게이머들은

답해줄 수 없는 것들

한겨레출판

서문

게임에게 사회를, 사회에게 게임을 소개하기

　십대 시절 내 꿈은 게임 제작자였다. 게임이 언제 내 인생에 들어오게 되었는지 정확하게 기억나지는 않는다. 하지만 게임은 외갓집의 386 컴퓨터나, 알 수 없는 경로로 갖게 된 '삼성 겜보이'나, 아랫집에 살던 형의 '도란스[1]'로 가동하는 플레이스테이션 같은 식으로 내 삶에서 항상 함께해왔다. 인문계 고등학교에 진학했지만, 3년 내내 나는 게임 제작자가 될 것이라고 얘기하곤 했고, 실제로 게임 제작을 가르치는 학원을 다니기도 했다. 그 덕에 선생님들에게 '쟤는 진로가 확실한 애'로 여겨지며 상대적 자유 비슷한 것을 누릴 수 있었다. 수능 준비도 대학진학 고민도 필요 없다고 생각하던 그 시절에 내가 대학을 이렇게 길게 다니게 되리라는 것은 전혀 상상하지도 못했던 미래였다.

---

[1]　'도란스'는 변압기(transformer)의 일본어식 발음이 한국어화된 것이다. 당시 일본의 내수용 게임기는 110V를 사용했기 때문에, 한국의 가정에서 이를 구동시키려면 220V로 바꿔주는 변압기가 필요했다.

지금의 나는 게임 제작이 아니라 사회학과 문화연구를 공부하고 있다. 하지만 나의 게임 라이브러리에는 여전히 시작도 못 해본 것을 포함해 수많은 게임이 있다. 과거 디지털 남성문화를 주제로 여러 차례 강의를 했는데, 디지털문화를 젠더 관점에서 분석하는 긴 이야기가 끝난 후 가장 빈번했던 질문 중 하나는 "어떻게 하면 우리 애가 게임을 좀 덜 할까요?"였다. 하지만 내가 평생 동안 가장 많이 한 일을 꼽았을 때 게임은 확실히 세 손가락 안이었다. "나도 게임을 많이 했고, 지금도 하고 있다. 일상에 지장이 없다면 문제없다"라고 답변하곤 했는데, 그것이 질문자들을 안심시켰을지, 아니면 더 큰 근심에 빠지게 했을지는 알 수 없는 일이다.

이 책은 내가 살면서 많은 시간을 쏟은 두 가지 일, 즉 게임과 사회문화연구의 합이다. 하나는 취미고 하나는 업이다. 내가 좋아하는 것을 업으로 끌어들이는 것은 생각만큼 즐겁지 않다. 그중에서도 가장 아이러니한 순간은 게임에 대한 책을 쓰느라 정작 게임할 시간을 내기 어려워졌을 때였다. 다행인지 불행인지 모르겠지만 게임이 싫어지지는 않았다.

다른 어떤 매체보다도 게임은 해야 알 수 있고, 해야 재미있다. 이 책을 쓰면서 가장 난감한 것이 게임을 글로 옮기는 일이었다. 해보면 5분 만에 이해할 수 있는 것도 글로 설명하려면 구구절절해진다. 그나마 게임을 하는 사람들에게는 어떤 게임과 비슷하다고 설명하면 된다지만, 게임을 모르는 사람들에게 설명할 때는 더욱

난감하다. 어떻게든 설명에 성공했다곤 해도 "그게 뭐가 재미있는데?"라는 궁극의 질문 앞에서는 할 수 있는 말이 별로 없다.

어쩌면 이런 매체의 성격이 그간 게임에 대한 수많은 오해와 몰이해를 낳게 된 핵심적인 원인이 아닐까 싶다. 심지어 게이머들도 해보기 전까지는 모르는 것이 게임이다. 그러니 게임을 모르는 사람들에게는 크고 작은 화면을 뚫어져라 쳐다보며 게임에 몰두하고 있는 사람들이 얼마나 기이하게 비칠 것인가?

이 책의 목적은 게임이 무엇인지 기초적인 선에서나마 이해하고 게임을 둘러싼 사회적 지형을 살펴보는 것이다. 오늘날 게임은 분명히 매우 대중적인 매체이자 놀이문화로 자리 잡았지만, 그 규모에 비해서는 여전히 미묘한 문화적 고립 속에 놓여 있다. 이 가운데 일부는 해보지 않으면 모르는 매체의 특성이 가져오는 결과지만, 더 크게는 사회와 사람들이 게임에 대해서 갖는 서로 다른 이해관계와 견해의 충돌로 인한 것이다. 나는 게이머이자 연구자로서 게임을 정당한 방식으로 사회적 논의의 장으로 끌어 오고 싶었다.

어떤 방식으로 말을 걸어야 하는지도 많이 고민했다. 우선, 게임을 모르는 사람도 읽을 수 있는 책을 목표로 삼았다. 그렇기 때문에 게이머들은 이미 익히 알고 있는 내용들도 비교적 상세히 서술했고, 소위 "덕력(어떤 분야를 열성적으로 좋아해 그에 관한 지식과 경험을 쌓거나 관련된 물품 따위를 수집한 정도)"을 과시하는 이야기들(사실 과시할 만큼의 덕력도 없지만)이나, 개별 게임들에 대한 지나치게 세세한 이야기들은 필요한 경우를 제외하면 자제하고자 했다. 반대로 게이머들의 입장에서는 게임계를 넓게 조망하고, 사회적 관점에서 게임에 대한 논의를 어떻게 이어갈 수 있을지 함께 고민해보고자 했다.

책은 게임 자체에 대한 이해와 분류를 다루는 1장과, 게임을 하고 있는 사람들에 대한 이야기를 다룬 2장, 게임을 만드는 업계의 이야기를 다룬 3장, 마지막으로 게임을 둘러싼 여러 논쟁을 다룬 4장으로 구성했다. 아쉬운 점은 오늘날 게임문화의 중요한 축을 이루고 있는 e스포츠e-Sports와 게임방송을 깊이 있게 다루지 못했다는 점인데, 다른 이들의 연구와 저술에 기대고자 한다.

나의 궁극적인 목표는 게임에 대한 소모적이고 의미 없는 논쟁을 끝내고, 29억 5,900만이 즐기는 매체의 위상과 영향력에 걸맞은 더 깊은 이야기들로 나아가는 단초를 마련하는 것이다. 이것이 충분한 작업이라고 생각하지는 않지만, 그런 흐름의 시작을 알리는 작업 정도는 될 수 있기를 희망한다.

마지막으로 나의 저술 이력에서 새로운 시도였던 '게임책'의 출간을 맡아준 한겨레출판사와, 글쟁이이자 인간으로서의 나를 지탱해주고 있는 모든 사랑하는 사람들에게 감사의 인사를 전한다.

2021년 가을 애플이가 있는
동물의 숲에서

목차

4장 게임은 새로운 희생양인가

1장.

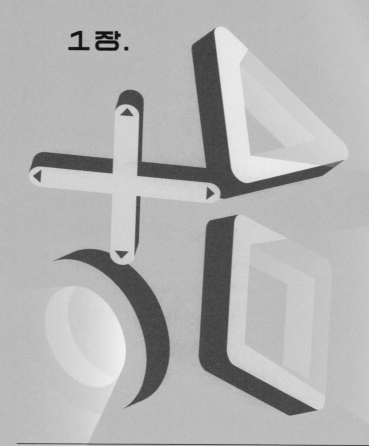

그래서

게임이

뭔데?

게임은 문화다?

한국사회에서 게임의 존재를 모르는 사람은 별로 없다. 이 얇은 세상에는 영화라는 것이 있고 텔레비전이라는 것이 있다는 명제와 비슷한, 그야말로 세상에 그런 게 있다는 수준의 앎이다. 하지만 그래서 게임이 뭐냐고 묻는다면 사람들의 대답은 판이하게 달라질 것이다. 어떤 사람에게 게임은 여전히 "뿅뿅"이다. 뭔지도 모르고, 관심도 없지만 존재한다. 하지만 어떤 사람에게는 좀 더 복잡한 의미가 있다. 가령 학부모에게 게임은 골칫덩어리다. 날 닮아서 머리는 좋지만 공부를 안 하는 자녀의 집중력을 분산시키고, 성적을 떨어트리는 주범이다. 국가의 입장은 좀 더 모호하다. 게임은 산업이다. 고용을 창출하고, 수출되어 외화를 벌어오고, 무시할 수 없는 경제규모를 갖고 있다. 하지만 게임은 규제의 대상이다. 도박과 비슷한 습성을 가지고 있고, 청소년의 학습권과 수면권을 침해하며, 어떻게 봐도 생산적인 활동이라고 보기는 어렵다. 무엇보다도 유권자인 학부모가 게임을 못마땅해 한다. 그럼 게이머들에게

2   이 슬로건은 오래전부터 게임계에서 게임의 위상을 재고하기 위해 사용하던 것이지만, 세계보건기구의 게임이용장애 질병코드 등록에 즈음해서는 한국의 게임 업계가 앞장서서 외치는 슬로건이 되었다. 다만 한국게임에 대한 게이머들의 인식이 긍정적이지만은 않기 때문에 뒤의 캠페인과 함께 별다른 호응을 얻지는 못했다.

게임은? 요즘에는 다음의 문장으로 정리된다. "게임은 문화다!"[ㄹ]
그런데 문화는 대체 뭐란 말인가?

(사)한국게임산업협회는 2020년 하반기에 '아이게이머 챌린지'라는 캠페인을 진행했다. 이것은 오케스트라 지휘자, 변호사, 의사, 연예인 등이 등장해 자신이 게이머라고 당당히 선언하는 것을 골자로 한다. 그러니까 이 캠페인의 메시지는 게임을 한다고 해서 의사나 변호사가 될 수 없는 것은 아니라는 것, 혹은 오히려(!) 도움이 될지도 모른다는 이야기로 보인다. 〈2020 게임이용자 실태조사 보고서〉[ㅋ]에 따르면 한국사회의 게임이용률은 70%에 달한다. 그중에 판·검사나 변호사, 의사나 재벌이 껴 있다고 해도 크게 이상한 일은 아니다. 하지만 이 메시지는 게임을 가장 적대시하는 학부모들의 불안과 욕망에 대한 응답은 될 수 있을지언정, 게임이 어떤 문화인지에 대해서는 별로 이야기해주는 바가 없다.

여기서 다시 앞의 질문으로 돌아가 보자. 문화라는 것은 도대체 무엇인가? 사실 이 단어는 아주 많은 사람들에 의해 아무렇게나 쓰이고 있는 개념 중 하나다. 특히 한국사회에서는 1990년대를 경유해 그야말로 문화의 범람이 벌어졌다. 그 결과 우리는 '문화예술'과 '화장실문화'와 '다문화' 같은 개념들이 난립하는 시대에 살고 있다.

하지만 학자들이라고 해서 문화라는 단어를 한 가지 뜻에 고정

ㅋ   한국콘텐츠진흥원, 〈2020 게임이용자 실태조사 보고서〉, 2020.

시킬 수 있는 것은 아니다. 가령 영국 문화연구의 창시자 중 한 명인 레이먼드 윌리엄스Raymond Williams는 문화culture를 일컬어 "영어에서 가장 복잡한 단어 두셋 중 하나로 손꼽힌다"[4]고 말한다. 그는 이 단어의 어원을 추적해 이것이 초기에는 경작, 거주, 돌봄, 존경과 숭배 등을 나타내는 말이었으나, 이후 변형과 분화를 거쳐 근대에 이르러서는 크게 세 가지 뜻으로 사용되고 있다고 정리한다.

"1) 지적, 정신적, 미학적 발달의 전체적인 과정을 말하는 독립 추상명사로서 18세기부터의 용법
2) 어떤 국민, 시대, 집단, 또는 인간 전체의 특정한 생활양식을 가리키는 자립명사로서의 용법
3) 지적, 특히 예술 활동의 실천이나 그로부터 탄생되는 작품을 가리키는 자립 추상명사의 용법"[5]

첫 번째 용법의 경우 18세기 유럽을 중심으로 사용되기 시작한 것인데, 이 용법은 문명civilization이라는 개념, 그리고 그 문명의 기준이자 모범으로 제시되었던 근대 유럽과 연관되어 있다. 두 번째 용법의 경우 주로 문화인류학 같은 분과학문에서 묘사하는 세계 각

[4]   레이먼드 윌리엄스, 《키워드》, 김성기·유리 옮김, 민음사, 2010, 123쪽.
[5]   같은 책, 128쪽.

지 사람들의 생활양식과 습속 등을 일컫는다. 세 번째 용법은 예술이나 학문을 지칭한다.

이 정의에 따라서 생각해볼 때 "게임은 문화다"가 말하고자 하는 것은 무엇일까? 만약 두 번째 용법에 따라 생각해본다면 게임은 문화라는 말은 참이지만 별다른 의미는 없는 이야기다. 게임도 문화고, 영화도 문화고, 흑당밀크티나 범죄까지도 문화의 일부이기 때문이다. 그렇다고 게임이 제국주의적 문명관과 연관되어 있는 계몽주의 정신의 산물이냐고 묻는다면 이것도 자신이 없다. 그렇다면 세 번째 정의는 어떨까? 즉 게임은 '예술'이라는 견해다. 물론 현대 예술은 "무엇이 예술인가?"라는 질문을 끊임없이 되풀이하고 있고, 실제로 예술이 되고자 하는 게임과 게임이 되고자 하는 예술이 양방향에서 경계를 넘나들고 있다. 하지만 그렇다고 해서 〈애니팡〉이나 〈리니지M〉이나 〈리그 오브 레전드〉(일명 〈롤〉)를 예술이라고 부를 수 있을까? 〈더 위쳐 3〉나 〈레드 데드 리뎀션 2〉를 가져오면 조금은 더 자신감이 생길 수도 있겠지만, 우리는 과연 "그것이 왜 예술인가?"라는 질문에 제대로 답할 수 있을까?

나는 두 번째 용법의 관점에서 게임은 문화라는 슬로건에 동의한다. 우리 시대의 다른 문화들보다 특별히 열등하지도 우수하지도 않은, 이미 우리들의 삶과 여가의 일부로 존재하는 '문화'로서의 게임 말이다. 세 번째 관점에 대한 입장은 모호하다. 분명 어떤 게임들은 높은 수준의 지적이고 정서적이며 심미적인 경험을 제공한다. 하지만 모든 게임이 그렇지는 않고, 그럴 필요도 없다.

오늘날 게임의 입지는 각 시대의 최첨단 장르들이 겪어왔던 고초와 크게 다르지 않은 점들이 있다. 지금은 예술의 대표적 장르 중 하나인 소설도 초창기에는 시에 비해 지나치게 통속적이라는 이유로 제대로 된 예술로 인정받지 못했다. 좀 더 비슷한 것은 아무래도 영화일 텐데, 영화는 저속하고 말초적인 오락거리이고, 이것이 사람들과 세상을 몹시 나쁘게 만들 것이라는 비난이 곳곳에서 쇄도했다. 이 비난의 일부는 여전히 존재하지만, 적어도 영화라는 형식 자체에 대한 저주는 소수의 뒤틀린 시네필^{cinephil}들의 것을 제외하고는 거의 존재하지 않는다.

그러므로 '게임은 문화'라는 애매한 슬로건을 핏대를 세워가며 외치는 것은 신생매체가 언제나 겪어야 했던 인정투쟁의 일부다. 하지만 '게임은 문화'라는 슬로건은 게임을 둘러싼 문제들의 본질에 다가가기에는 부족한 측면이 있다. 정확하게 말하자면 문화 뒤에 한 단어를 추가해야 하는데, 바로 '산업'이다. '문화산업'은 문화의 일부이지만 산업이라고 명명하는 순간 그것을 둘러싼 요소들이 더 잘 보이게 된다. 문화산업으로서의 게임에는 수많은 사람의 일자리, 자본과 시장의 논리, 생산자와 소비자, 국가의 정책 같은 것들이 연결되어 있다. 그리고 차차 이야기하게 되겠지만, 게임에 쏟아지는 혐의들 중에는 정당한 것과 부당한 것이 뒤섞여 있다. 마찬가지로 이에 대한 게임업계와 게이머들의 대응 역시 정당하거나 부당하다.

처음으로 문화산업이라는 개념을 만든 독일의 철학자 테오도르 아도르노Theodor Adorno와 막스 호르크하이머Max Horkheimer는 할 수 있는 한 최대한의 경멸을 담아 이 단어를 만들었다.[6] 이 두 사람은 유태인으로 2차 세계대전 당시 나치를 피해 미국으로 망명했다가 전쟁이 끝난 후 독일로 돌아가 프랑크푸르트 대학에서 사회조사연구소를 설립한 이들이다. 문화산업에 대한 이들의 인식은 미국에서의 경험을 바탕으로 하고 있는데, 시대의 야만을 고발하고, 비판적 지성과 감수성을 함양해야 할 예술이 한갓 유흥거리를 위한 상품으로 전락했다는 것이었다.

요즘에는 이런 관점으로 문화산업을 바라보는 사람은 거의 존재하지 않는다. 하지만 이들이 문화산업에 대해 남긴 여러 비판과 분석은 여전히 유용한 면이 있다. 가령 다음과 같은 부분을 보자.

"대중 매체가 단순히 '장사business' 이외에는 아무것도 아니라는 사실은 아예 한술 더 떠 그들이 고의로 만들어낸 허섭스레기들을 정당화하는 이데올로기로 사용된다. 그들 스스로 자신을 기업이라 부르며, 사장의 수입이 공개되면 그로써 그들의 생산물이 사회적으로 유용한가 아닌가에 대한 의심은 충분히 제거된

---

6   테오도르 아도르노·막스 호르크하이머,《계몽의 변증법》, 김유동 옮김, 문학과지성사, 2001.

것으로 간주한다."[7]

이는 새로운 매체들과 장르들이 사회적으로 인정받을 수 있는 오늘날의 방식을 정확히 묘사한다. 특히 한국사회에서 게임은 1997년 말에 시작된 외환위기 도중에 집권한 김대중 정부 시절 새로운 경제성장 동력으로 지목된 유망한 산업 중 하나였다. 이전까지 아이들의 장난쯤으로 치부되던 게임이 경제를 통해 시민권을 획득한 것이다. 그리고 이는 오늘날 게임을 둘러싼 여러 논란에서도 핵심이 되는 사실이다. 더 이상 돈이 되고 고용을 창출하는 게임을 무시할 수는 없다. 그러나 게임에 대한 인식은 게임계의 안과 밖 모두에서 발전하지 않았다. 게임계는 자신이 외쳐대는 슬로건과는 달리 문화로서의 사회적 책임에 둔감하고, 게임을 둘러싼 사회는 돈 벌어 오는 게임은 좋지만 그 게임을 즐기는 것에는 부정적이며, 사회가 져야 하는 일부의 책임들을 떠넘기는 편리한 희생양으로 삼고는 한다. 이렇게 무시할 수 없는 '산업'으로서의 자신감과, 여전히 박한 '문화'적 평가의 간극에서 등장한 그다지 정확하지는 않은 게임계의 대응이 바로 "게임은 문화다"라는 오래되고 어색한 슬로건인 것이다.

---

7   같은 책, 184쪽.

게임, 상호작용의 매체

잠시 시간을 되돌려 처음으로 게임이 탄생하던 순간으로 가보자. 그런데 여기에서 한 가지 주의할 점이 있다. 우리가 다루고 있는 게임이란 컴퓨터가 발명된 이후에 등장한 '컴퓨터 게임'들을 일컫는다. 문화사학자 요한 호이징하Johan Huizinga가 이야기한 것처럼 "놀이는 문화보다 오래된 것"[¤]이기 때문이다. 심지어 인간들의 놀이 이전에 동물들의 놀이가 있었고, 인간들이 지구를 지배하는 데 성공한 이후 놀이는 계속해서 발전해왔다.

놀이와 게임은 다르다. 더 정확하게는 놀이가 고도로 발달한 것이 게임이라고 할 수 있을 것이다. 새끼 동물들이 뒤엉켜 싸우거나 사냥하는 시늉을 내며 노는 것과 인간의 아이들이 술래잡기를 하는 것의 차이를 생각해보면 쉽다. 술래잡기에는 규칙이 있고, 목적이 있으며, 시작과 끝이 있다. 게임은 그 자체로 완결된 하나의 체계 속에서 이루어진다. 사람들은 그 세계 안에서 게임을 하고 놀지만 그 세계 안에 완전히 종속되어 있지는 않다. 게임은 언젠가 끝이 나고, 규칙은 언제든지 변할 수 있다.

인류는 수많은 게임을 만들고 발전시켜왔다. 하지만 우리가 이

¤　요한 호이징하, 《호모 루덴스》, 김윤수 옮김, 까치, 1981, 9쪽.

책에서 다룰 게임은 컴퓨터 게임이라는 아주 짧은 역사를 가진 존재다. 인간이 건물 한 채와 비슷한 크기의 컴퓨터라는 기계를 만들어낸 뒤 약 15년이 지난 1958년에 최초의 컴퓨터 게임[9]이 탄생했다. 〈테니스 포 투Tennis for two〉라는 이름의 이 게임은 미국의 물리학자 윌리엄 히긴보텀William A. Higinbotham과 엔지니어였던 로버트 V. 드보랙Robert V. Dvorak이 만든 것으로, 2차 세계대전 당시 미사일의 탄도를 계산하던 아날로그 진공관 컴퓨터를 사용했다. 둥그런 오실로스코프oscilloscope(전압이나 전류의 파형 변화를 보여주는 장치) 화면 중앙에 짧은 직선으로 된 네트를 두고 점 모양의 공을 주고받도록 설계되었다. 이 게임을 만든 이유는 이들이 근무하던 브룩헤이븐 국립연구소(원자핵 물리학 연구소)에서 진행하는 '방문자의 날'에 찾아온 손님들의 지루함을 달래주기 위해서였다. 방문자들에게 핵미사일이나 핵실험을 구경시켜줄 수도 없고, 체험 삼아 발사 버튼을 누르게 해줄 수도 없는 노릇이니 말이다.

바둑이나 장기나 체스가 아주 오랫동안 같은 규칙과 같은 모습으로 유지되어왔던 데 비하면 우리가 다루고 있는 컴퓨터 게임은 짧은 시간 동안 그야말로 정신없이 변해왔다. 사실 이 모든 것을 게임이라는 단어로 묶는 것이 온당한지에 대한 의문이 생길 법도 하

---

[9]　그 이전에 컴퓨터의 성능 시험을 위한 게임 비슷한 것들이 개발된 적이 있으나, 사람들의 오락을 위해 만들어진 게임으로는 최초로 친다.

다.《표준국어대사전》에서는 게임을 "규칙을 정해 놓고 승부를 겨루는 놀이"로 정의한다. 컴퓨터 게임은 "컴퓨터를 이용하여 하는 오락. 주로 컴퓨터의 그래픽 기능을 이용하여 화면 위에 움직이는 그림으로 하는 비디오 게임"이다. 이 내용만으로는 게임에 대해서 알 수 있는 것들이 그리 많아 보이지는 않는다.

게임연구자 윤형섭은 다양한 논자들의 주장을 종합해 "게임이란 플레이어들이 규칙에 의해 제한되는 인공적인 충돌conflict에 참여하여, 정량화 가능한 결과를 도출해내는 시스템이다"[10]라고 정의한다. 이는 '규칙을 정해 놓고 승부를 겨루는 놀이'를 게임의 관점에서 좀 더 정교하게 재정의한 것으로 보인다. 하지만 이 정의에서는 우리가 게임을 하는 목적이 '정량화 가능한 결과를 도출'하는 것이 되는데, 틀린 말은 아니지만 게임을 몹시 재미없게 표현하는 정의가 아닐까 싶기도 하다.

그래도 이 정의들을 통해 게임에서 본질적인 몇 가지 요소를 이야기해볼 수 있을 것 같다. 첫 번째로 게임은 독자적인 규칙을 갖고 있는 임의의 시공간에서 진행된다. 그곳은 검과 마법이 지배하는 중세풍의 판타지 세상일 수도 있고, 본 적 없는 기술과 외계인이 공존하는 우주의 한복판일 수도 있다. 혹은 이런저런 세상과는 아무런 상관없이 여러 가지 모양의 블록을 쌓아 일렬로 만들면 사라지

---

[10]　윤형섭 외,《한국 게임의 역사》, 북코리아, 2012. 네이버 지식백과 〈게임의 정의〉 항목에서 재인용.

는 법칙만이 존재하는 세상일지도 모른다. 그러므로 게임을 한다는 것은 그 게임의 규칙을 이해하고 그것에 적응하는 과정이 필수적이다. 또 그렇기 때문에 우리는 게임 안에서 다른 사람이나 존재들을 때리거나 죽여도 경찰에 잡혀 가지 않을 수 있다.

두 번째는 상호작용이다. 위의 정의에서는 충돌이라고 정의되고 있는데, 이 말로는 게임 내에서 벌어지는 상호작용의 일부만을 이야기할 수 있다. 그리고 사실 이 상호작용이야말로 게임이 가진 가장 중요한 특징이라고 할 수 있다. 앞서 이야기한 '독자적인 규칙을 가진 임의의 시공간'이라는 것은 사실상 모든 픽션이 공유하는 속성이다. 가령 영화 〈기생충〉이 아무리 "상승과 하강으로 명징하게 직조해낸 신랄하면서 처연한 계급 우화"[11]라고 할지라도, 영화 속에서 등장하는 모든 것들은 가상인 것처럼 말이다. 그러나 우리는 〈기생충〉에 개입해 등장인물들에게 다음 장면에 일어날 일을 알려주거나, 영화의 결말을 바꾸지 못한다. 그리고 우리가 지켜보거나 말거나, 이해했거나 말거나 상관없이 〈기생충〉은 2시간 12분이 지나면 막을 내릴 것이다.

영상매체에 상호작용을 도입하려는 시도는 영화와 게임 양쪽 모두에서 존재한다. 넷플릭스에서 2018년에 선보인 〈블랙미러: 밴

11 　영화평론가 이동진이 영화 〈기생충〉에 대해 남긴 한줄 평으로, '명징직조대란'을 일으킨 문제의 평이다.

더스내치〉는 영상의 중간 중간에 시청자들에게 선택지를 제공하고, 그에 따라서 다른 전개가 이어진다.[12] 이런 시도는 〈블랙미러: 벤더스내치〉 이전에도 꾸준히 존재했다. 최초의 인터랙티브 영화는 무려 1967년까지 거슬러 올라가는데, 체코의 라두스 친체라 Radúz Činčera가 감독한 영화 〈키노오토마트Kinoautomat〉이다. 캐나다 몬트리올에서 열린 엑스포 67에서 상영되었는데, 영화 상영 도중 9개 지점에서 영화가 멈추고 사회자가 무대에 나타나 관객들에게 두 개의 선택지를 제시한 뒤 투표를 하도록 했다.[13]

이런 방식은 게임에서도 여전히 흔하게 볼 수 있는 서사적 장치로 애용되고 있다. 그러나 결국에는 과거 유행했던 게임북("○○페이지로 가시오")과 크게 다르지 않은 단순한 방식이다. 게임이 발전시켜온 상호작용은 이것보다는 훨씬 더 다양하고 복잡하다. 엄밀히 말하자면, 게임에서 서사를 중시하게 된 것은 서사를 보여줄 수 있는 다양한 기술 발전의 결과에 가깝다. 서사 없는 게임은 가능하지만, 상호작용 없는 게임이란 가능하지 않다.

그리고 이 두 가지를 결합하면 게임이라는 장르가 품고 있는 이상이 무엇인지를 알 수 있다. 그것은 플레이어와 의미 있는 상호작

---

12   벤더스내치는 아예 내용 자체도 주인공이 벤더스내치라는 게임을 개발하는 것에서 시작한다. 벤더스내치는 루이스 캐럴의 《거울나라의 앨리스》에 등장하는 괴물의 이름이다. 실제로 과거 비슷한 콘셉트의 벤더스내치라는 게임이 개발되었으나 완성되지 못하고 중단된 바 있다.

13   영문 위키피디아 〈Kinoautomat〉 항목.

용을 하는 완결성 있고 살아 있는 세계를 만드는 것이다. 이는 정해진 선택지들 사이에서의 결정을 넘어서서 플레이어가 능동적으로 자신만의 방법을 찾아낼 수 있는 환경을 의미한다. 그리고 이런 선택들이 세계에 적용되어 실제로 영향을 미치고 변화를 불러오며, 그에 따라 세계 속에서 나의 위치도 달라지는, 그야말로 온전한 하나의 세계 말이다.

이런 이상은 지금까지 어떤 게임에서도 구현된 적이 없고, 모든 게임이 이 이상을 좇는 것도 아니다. 제약 없이 펼쳐진 광활한 세계에서 아무런 목적도 주어지지 않고 무엇이든 할 수 있는 상황을 모든 게이머가 원하지도 않는다. 결국 이 이상은 주어진 기술과 자원을 가지고 얼마나 설득력 있게 온전한 세계의 환영을 만들어낼 수 있는가라는 현실적인 문제로 귀결된다.

그런데 기껏 만들어 놓은 의미 있는 상호작용을 하는 세상에서 매일 아침 9시까지 만원 전철에 구겨져 회사에 가서 따분하게 일을 하고, 공과금과 대출금을 걱정하고, 쓸쓸하게 혼자 저녁을 먹는다면 그런 수고가 다 무슨 소용일까? 그래서 컴퓨터 게임의 이전부터 모든 놀이가 품고 있는 목적을 컴퓨터 게임도 공유한다. 바로 '재미'다.

게임은 재미를 위해서 창조되었다. 앞서 이야기한 문화산업 중에서도 이른바 엔터테인먼트로 분류되는 생산물들은 모두 이런 경향성을 갖는다. 흔히 대중문화로 불리는 것들이다. 많은 수의 영화, 소설, 드라마, 음악이 사람들을 즐겁게 하기 위해서 만들어진다. 하지만 장르로 따진다면 게임은 조금 특수하다. 나머지 장르들이 예술과 통속이라는 스펙트럼 속에서 선택을 통해 만들어진다면, 게임은 거의 대부분의 시간 동안을 온전히 재미를 생산하는 무언가로 존재해왔다. 이는 '게임은 예술인가'라는 앞선 물음과도 연결된 것인데, 이런 물음이 가능해진 것 자체가 짧은 게임의 역사 속에서도 최근의 일이다.

물론 재미는 매우 주관적이기에 제작자들이 어떻게 재미를 추구할지, 또 플레이어들이 어떤 지점에서 재미를 느낄지는 알기 어렵다. 이는 상호작용이라는 게임이 가진 특성 때문에 벌어지는 일이다. 완성된 것을 감상하는 방식으로 전달되는 매체들보다 게임은 일관된 메시지나 의도를 전달하는 것이 더 어렵기 때문이다. 플레이어가 제작자의 의도대로 플레이를 한다는 보장이 없고, 체험은 감상보다도 더 개개인의 성향에 많이 좌우된다. 여기에 다른 매체들에 비해서 평균적으로 훨씬 더 긴 플레이 시간이 더해지면 게임을 경험하는 방식을 통제하기란 더 어려워진다.

사실 최근에 와서 재미는 게임이 반드시 갖춰야 할 요소는 아닌 것이 되었다. 더 엄밀히 말하면, 재미는 희생할 수도 있는 게 되었다. 주로 인디게임을 중심으로 심각한 사회문제를 다루거나 예술성을 지향하는 게임들이 만들어지고 있기 때문이다. 이는 최근 '시리어스' 게임Serious Game이라는 명칭으로 분류되고 있다. 게임의 형식, 그중에서도 상호작용을 통해 특정한 체험을 하게 하고 그것으로 주제의식을 더 효과적으로 전달하고자 하는 작품이 많다.

다만 이런 부류를 게임으로 불러야 하는지에는 이론異論이 있다. 이는 무엇을 게임으로 생각하는지에 따라 달라진다. 게임이 플레이어의 재미를 위해 존재해야 한다면 이런 것은 게임이 아니다. 게임이 미디어의 새로운 형식이며 다양한 주제와 이야기를 다룰 수 있어야 한다고 생각한다면 이것은 게임의 범주에 들어갈 수 있다. 게임계의 반응은 분열적이다. '게임이 문화이고 예술이기도 하다'라는 지점을 강조하는 담론에서는 이런 시리어스 게임들이 빈번하게 호출된다. 하지만 게이머들은 이런 게임들이 차별이나 사회 부정의, 집단적/개인적 트라우마 같은 이른바 '정치적 올바름Political Correctness'(PC)에 관한 주제들을 게임계로 불러들이는 데에 맹렬히 비난을 퍼붓기도 한다.[14]

게임은 가장 새로운 매체이며, 짧은 시간 동안 많은 발전과 변화를 겪었다. 그래서 '무엇이 게임인가'라는 질문에 모두가 납득할 수 있는 대답을 내놓기는 생각만큼 쉽지 않다. 그럼에도 그나마 다

---

[14] 엄밀하게 말하자면 이 비난은 두 가지로 나뉜다. 하나는 '시리어스' 자체 즉 민감하거나 정치적인 소재를 게임으로 끌어들이는 것에 대한 비난이고, 다른 하나는 이런 '게임'의 만듦새에 대한 비난이다. 가령 '위안부' 문제를 다룬 시리어스 게임으로 기대를 모았던 〈웬즈데이〉의 경우 주제에 대한 반감은 다른 이슈에 비해서 크지 않았으나, 지나치게 조악한 퀄리티로 혹평을 받았다. 이 밖에도 많은 시리어스 게임이 주제와는 별개로 게임으로서의 기본적인 퀄리티도 갖추지 못한 채로 출시되어 해당 이슈와 견해에 지지를 보내는 이들에게도 외면당했다.

른 매체와 비교해 확연히 두드러지는 특징을 꼽자면 역시 상호작용을 꼽지 않을 수 없다. 게임처럼 상호작용을 근간으로 삼는 매체는 없다. 매체는 기본적으로 작품과 독자, 관객, 시청자 사이에 실제적이든 은유적이든 거리가 존재한다. 그것을 깨려 한 작품들이 없었던 것은 아니지만, 일반적인 경향이라고 보기는 어렵다. 게임의 경험은 내가 무언가를 하지 않으면 작품도 아무것도 하지 않는다는 특성 때문에 다른 매체와 매우 달라진다. 감상이라기보다는 체험이고, 따라서 거리두기는 더 어려워지며, 상대적으로 긴 시간이 필요하다. 이는 게임을 만들고 플레이하는 전 과정에 걸쳐서 다른 매체와는 다른 성격의 문제들을 만들어낸다.

물론 지극히 최근의 경향성을 보면 상호작용의 측면도 애매해진 부분이 있다. 게임은 플레이어가 어떻게든 조작을 하는 것이 원칙이었다. 하지만 최근 모바일이 대세가 된 이후 아주 많은 게임이 소위 '오토모드'를 지원하고 있다. 이런 게임에서 플레이어가 하는 것은 사실상 게임을 구경하면서 중요한 순간에 가끔씩 개입하는 것뿐이다. 심지어는 소위 '방치형' 게임이라는 새로운 장르가 등장해 모바일 시장에서 뿌리를 내렸다. 게임을 내려받고 계정을 만들어 놓으면 내가 다른 일을 하는 사이 게임은 '알아서' 플레이되고, 시간이 지나 돌아와서 그사이 쌓인 보상을 수확하는 것이 골자다.

그러나 제아무리 자동으로 플레이되는 게임이라고 해도 결국에는 유저의 개입이 필요하다는 점은 변하지 않는다. 이런 게임에서 과거와 같은 직관적인 조작이 없다고 하지만, 벌어들인 게임 내 재화를 통해 내 캐릭터를 성장시키고, 이런저런 전략을 세우는 것은 유저의 몫이다. 과거 좀 더 직접적이었던 게임 플레이가 시뮬레이션이나 매니지먼트 같은 것으로 변한 것뿐이다.

게임의 요소들

미디어학자 전경란은 프랑스의 평론가이자 사회학자인 로제 카유아Roger Caillois를 인용해, 놀이의 네 가지 형태를 이야기한다. 이에 따르면 놀이는 아곤agon, 알레아alea, 미미크리mimicry, 일링크스ilinx로 나뉜다. 아곤은 경쟁, 알레아는 운, 미미크리는 역할극, 일링크스는 스릴이다. 전경란은 이런 로제 카유아의 분류방식이 게임의 놀이 유형에도 잘 맞는다고 설명하고 있다.[15]

경쟁, 운, 역할극, 스릴은 게임의 핵심이라고 할 수 있는 요소들이지만 이것만으로 게임의 모든 요소를 포괄하기는 어렵다. 여기서는 로제 카유아의 구상을 좀 더 확장해 게임 플레이의 근간이 되

---

15   전경란,《디지털 게임이란 무엇인가》, 커뮤니케이션북스, 2014. 네이버 지식백과 〈놀이와 디지털 게임〉 항목에서 재인용.

는 요소들을 정의해보고자 한다.

1) 운과 실력

운과 실력은 모든 종류의 게임 플레이에서 근간을 이루는 요소다. 바꿔 말하면 모든 게임은 운과 실력 사이의 어딘가에 위치한다고 해도 과언이 아니다. 가령 주사위 놀이는 온전히 운에 의해서 모든 것이 결정된다. 반면 바둑이나 체스는 양쪽의 플레이어가 거의 똑같은 조건에서 게임을 하게 되므로 순수하게 실력에 의존하는 게임이다. 그리고 주사위와 체스 사이에 운과 실력을 다양한 방식으로 섞어 놓은 게임들이 존재한다.

실력은 재능과 노력, 투여되는 자원 등에 의해서 만들어진다. 게임에서 실력은 '피지컬'과 '전략' '자원투여'로 크게 나눌 수 있다. 피지컬은 동체시력, 순발력, 조작능력 같은 물리적이고 신체적인 능력들이다. 전략은 상대방의 수를 읽고, 내가 가진 자원들을 적절하게 활용하고, 심리전을 펼치는 등의 지능에 기반한 능력이다. 자원투여는 게임에 투자한 시간이나 재화 같은 것을 의미한다.

피지컬과 전략이라는 두 가지 형태의 실력은 여타의 스포츠 등에서 얘기되는 실력과 크게 다르지 않다. 특히 이런 실력은 경쟁요소를 강조하는 게임들에서 빛을 발한다. 단적인 예로 한국에서 〈리그 오브 레전드〉를 플레이하는 유저는 최소 300만 명이 넘지만, 이

게임의 프로게이머로 활동하는 사람은 고작 82명뿐이다.[16]

하지만 세 번째 측면에서는 게임의 실력과 다른 스포츠들 사이의 특징적인 차이가 발생한다. 스포츠는 재능이 없는 사람이 아무리 오랜 시간 동안 연습하고 자원을 투여한다고 해도 그가 승자가 되리라는 보장이 없다. 최고급 바둑판 세트를 구비한 사람이라고 해도 이세돌 9단과 바둑을 둬서 이길 수 없는 것과 같다. 반면 일부 게임은 투여한 시간과 자원이 곧 그 사람의 강함이 되고 실력이 되는 구조로 만들어져 있다. 이는 게임의 보상 구조가 인위적으로 설계된 것이기 때문에 가능한 일이다. 흔히 온라인 게임으로 부르는 MMORPG(다중접속역할수행게임) 같은 경우가 대표적이다.

다른 한편 운은 게임에서 실력보다도 더 중요하게 활용되는 요소다. 사람들은 순수한 실력으로 판가름 나는 것보다 운이 개입하는 데서 더 즐거움을 느끼는 경우가 많은데, 실력은 한번 격차가 생겨나면 그것을 만회하기가 어렵고 따라서 결과를 쉽게 예측할 수 있게 되기 때문이다. 하지만 운이 개입하는 순간 실력의 격차는 줄어들거나 의미가 없어진다. 이길 수 있는 가능성이 누구에게나 생겨남에 따라서 게임에 참여할 수 있는 사람의 수도 늘어난다.

운은 게임을 반복해서 플레이할 수 있도록 해준다. 만약 어떤 게임이 처음부터 끝까지 완전히 똑같다면 그것을 다시 플레이해야

---

16 「서울대 의대 입학보다 프로게이머 되기 더 어려워」, 이혜운 기자, 〈조선일보〉. 2019년 6월 29일자.

할 이유를 찾기는 어려울 것이다. 하지만 게임 안에 일정 부분 확률에 의해 변화하는 요소들이 있다면 플레이어는 매번 조금씩 다른 게임을 할 수 있다. 최근 유행하는 로그라이크^{Rougelike17}게임들은 이런 부분이 극대화되어 있다. 플레이어는 매번 게임을 시작할 때마다 랜덤하게 생성된 지형, 적, 아이템 등을 만나게 되고, 따라서 매번 다른 방식으로 게임을 즐길 수 있다.

하지만 운이 지나치게 모든 것을 좌우한다면 게임은 재미없어진다. 앞서 말했듯이 게임은 각각의 세계관과 규칙을 갖고 있고 그것을 공유하는 가운데에서 노는 것이기 때문이다. 모든 것이 운에 따라 결정된다면 규칙은 무의미해지기 십상이다. 따라서 대부분의 게임에서 운은 한정된 범위 안에서만 영향을 미치도록 디자인되어 있다.

결론적으로 운과 실력을 어떤 방식으로 배합할 것인가가 게임 디자인에서 아주 중요한 부분을 차지한다고 해도 과언이 아니다. 운으로만 치우칠 경우에는 플레이어가 할 수 있는 일이 없기 때문에 쉽게 흥미를 잃게 될 테고, 실력으로만 치우칠 경우에는 확고한 격차로 인해 새로운 사람들의 흥미를 끌 수 없을 것이다.

---

17   1980년에 등장한 게임인 〈로그Rogue〉와 비슷한 형식의 게임들을 총칭하는 단어다. 아스키코드로 구현된 던전을 돌파하는 게임으로, 게임을 시작할 때마다 절차에 따라 자동 생성된 임의의 던전이 주어진다. 즉 플레이어는 게임을 할 때마다 매번 다른 던전을 만나게 된다.

2) 경쟁과 협력

경쟁은 게임을 성립하게 하는 강력한 동인이다. 인류의 경쟁심이야 두 번 말해 입 아프지만, 너무 지나친 경쟁심은 종의 생존을 위협하기도 한다. 이때 게임의 진가가 드러난다. 게임은 경쟁하지만 서로를 해치지 않을 수 있게 해주는 훌륭한 도구가 되기 때문이다. 현대사회에서 스포츠가 전쟁을 대리수행하고 있다는 식의 주장이 통용되는 것도 무리는 아니다. 실제로 스포츠는 공놀이와 달리기에서 이기기 위해 엄청난 수준의 자원, 기술, 인력이 투여되는 장이다. 프로 스포츠와 국제경기에 쏟아지는 사람들의 정념과 돈을 떠올려보라. 이런 것이 없다면 그저 공을 좀 잘 다룬다는 이유로 한 해에 수백억 원을 벌어들이는 사람이 있다는 것을 아무도 납득하지 못했을 것이다.

최초의 컴퓨터 게임이었던 〈테니스 포 투〉 역시 경쟁을 위해 설계되었다. 그리고 지금도 많은 게임이 경쟁을 위해 만들어지고 있다. 이 중에서도 경쟁이라는 요소를 가장 극적으로 활용하는 것은 아마도 대전격투게임일 것이다. 〈스트리트 파이터 2〉[18]의 대대적인 성공을 통해 대중화된 이 장르에서 플레이어들은 상대방과 피

---

[18] 〈스트리트 파이터 2〉는 1991년 일본 캡콤 사에서 내놓은 게임센터용 대전격투게임으로, 전 세계에 걸쳐서 선풍적인 인기를 끌었다.

가 튀는 가상의 격투를 벌이게 된다. 지금과 같이 온라인 환경이 마련되기 전 이런 게임들을 하려면 오락실에 가야 했다. 같은 공간 안에서 서로를 치고받는 게임으로 경쟁을 하는 것은 묘한 긴장감을 자아냈고, 게임 속 격투가 실제 격투로 이어지는 해프닝도 종종 일어났다.

　게임과 경쟁을 이야기하면서 프로게이머와 프로게임 리그의 등장을 빼놓을 수는 없을 테다. 이들은 게임 속 경쟁을 기예art의 수준으로 끌어올리며 'e스포츠e-Sports'라는 국제적인 산업을 만들어냈다. 물론 경쟁을 하기 위해서 모두가 신들린 컨트롤을 뽐낼 필요는 없다. 2012년 한국사회에서 사회현상 급의 열풍을 일으켰던 〈애니팡〉을 예로 들어보자. 선데이토즈의 〈애니팡〉은 귀여운 동물 모양의 타일을 움직여 똑같은 타일 3개 이상이 한 줄로 놓이면 터지면서 점수를 얻는 식의 간단한 퍼즐게임이었다. 그런데 이 게임이 사회현상이 된 가장 핵심적인 원인은 카카오톡과의 연동이었다. 〈애니팡〉은 카카오톡과 연동해 게임을 플레이하는 지인들의 점수를 보여주고 등수를 매겼다. 단순히 온라인상의 이름 모를 누군가가 아니라 내 가족, 친구, 친척, 혹은 애매한 관계의 사람들이 남긴 기록을 보여줌으로서 경쟁에 얼굴을 부여한 것이다. 〈애니팡〉은 단순한 게임방식과 영리한 경쟁시스템을 활용해 기존에 게임을 하지 않던 중장년층을 게임으로 끌어들였다. 다른 사람들과의 점수 경쟁에 불이 붙은 부모님이 시도 때도 없이 하트[19]를 독촉하는 통에 적잖이 시달렸다는 자녀들의 증언도 많았다.

한편 게임에 경쟁만 있는 것은 아니다. 취미생활로서 게임이 가지는 중요한 강점 중 하나는 혼자 할 수 있다는 것이지만, 무엇이든 혼자 할 때보다 같이 할 때 더 재미있는 것은 사실이다. 그리고 게임은 이 '같이 하기'의 경험을 거리의 제약 없이 가능하도록 해준다.

이것이 언제나 가능했던 것은 아니다. 인터넷이 발달하지 않았던 시기에는 게임을 같이 하려면 같은 공간에 있어야 했다. 그것이 게임센터든 집이든 말이다. 그래서 어떤 게임들은 서로 경쟁하는 것이 아니라 여럿이 도우면서 플레이할 수 있도록 다인용을 설계해두었다.

하지만 인터넷이 발전하면서 멀리 떨어진 사람들끼리도, 심지어 서로 전혀 모르는 사람들끼리도 함께 게임을 할 수 있게 되었다. 일명 '코옵co-op'이라고 하는 협력플레이는 게임의 싱글 캠페인[20]을 함께 깨거나, 어려운 구간에서 고수들에게 도움을 받거나 하는 식으로 진행된다. 아예 두 사람 이상의 협력플레이를 전제로 디자인해놓은 게임도 있다.

전 세계적으로 많은 수의 유저를 보유하고 있는 블리자드 사의 MMORPG 〈월드 오브 워크래프트World of Warcraft〉(일명 〈와우〉)는

---

[19]　게임을 플레이할 수 있는 재화로, 기본적으로는 일정 시간이 지날 때마다 하나씩 생성되지만, 친구에게 받거나 돈을 주고 구매할 수 있었다.

[20]　single-player campaign. 혼자 플레이할 것을 전제로 설계된 게임 진행 방식과 내용.

레이드라는 협력콘텐츠로 유명하다. 레이드는 특정 던전을 돌파하고 보스몬스터를 잡기 위해서 10명에서 25명에 달하는 플레이어가 긴밀하게 협력해야 하는 콘텐츠다. 한 번의 레이드는 규모와 난이도에 따라서 다르지만 최소인 경우에도 두 시간 정도가 걸리고, 플레이어들이 상황에 따른 자신의 역할을 잘 숙지하고 있어야 하며 일사분란하게 분업이 이루어져야 성공할 수 있다. 레이드는 이처럼 꽤나 부담스러운 콘텐츠지만, 〈와우〉의 황금기를 불러왔던 성공의 열쇠였다. 긴밀한 협력을 통해 어려운 목표를 성취하는 재미가 강렬한 쾌감을 만들어냈기 때문이다.

경쟁과 협력이 결합되는 경우도 많다. 현재 세계에서 가장 인기 있는 온라인 게임들인 〈롤〉, 〈오버워치〉 등의 게임은 5 대 5의 팀 전으로 진행된다. 이 밖에도 많은 게임이 협력과 경쟁을 동시에 하는 방식으로 서비스되고 있다. 물론 모두가 이런 방식을 환영하는 것은 아니다. 게임에서라도 인간관계의 괴로움을 피하고 싶은 이들에게 누군지도 모르는 이들과의 관계 맺기가 강제되는 셈이기 때문이다.

3) 체험과 서사

앞서 이야기한 것처럼 무엇이든 플레이어가 직접 해야 한다는 사실은 게임이라는 매체를 규정하는 아주 중요한 문제다. 그리고 이것은 게임의 경험을 감상이나 관조가 아니라 체험의 영역으로 끌고 간다.

예를 들어보자. 축구를 즐기는 법은 여러 가지가 있다. 좋아하는 팀을 응원하고, 직접 경기를 관전하거나 시청하고, 팀을 꾸려 축구를 할 수도 있다. 하지만 내가 좋아하는 선수들을 모아서 드림팀을 만들거나, 프리미어리그의 득점왕이 되어보는 경험을 아무나 할 수 있는 것은 아니다. 혼자서 상상의 나래를 펼쳐볼 수도 있겠지만 금방 시시해지고 말 것이다.

이럴 때 우리는 게임을 통해 이 갈증을 조금이나마 해소해볼 수 있다. 오늘날 축구게임은 EA 사의 〈피파FIFA〉 시리즈와, 코나미의 〈eFootball〉 시리즈, 세가의 〈풋볼 매니저〉 시리즈로 대표된다. 이 게임들은 모두 세계 유명 축구리그와 축구선수들의 능력치를 정밀하게 반영하고, 다양한 방식으로 축구의 세계를 즐길 수 있게 해준다. 앞의 두 작품이 직접 축구경기를 플레이하는 데 좀 더 초점을 맞추고 있다면, 〈풋볼매니저〉는 감독이 되어 선수를 영입하고 전술을 짜는 것이 핵심이다. 농구나 야구를 비롯한 수많은 스포츠게임들이 비슷한 방향으로 발전해오고 있다.

이 게임들이 현실의 축구를 대체한다고는 말할 수 없다. 또 게임이 아무리 정교하게 만들어진들, 실제 훈련 과정을 대체할 수도 없다. 운전면허 시험이나, 항공조종 교육을 위한 시뮬레이터들이 존재하지만, 이것을 게임이라고 부르지는 않는다. 게임이 되기 위해서는 많은 요소들이 생략되고 바뀌어야 한다. 모두가 축구선수나 파일럿이 되기 위해 일생을 바치지도 않으며, 게임 한 판을 하기 위해서 전문지식을 쌓으려 하지도 않기 때문이다. 하지만 어쩌면 그런 가닿기 어려운 세계에서 가장 좋은 부분들을 원래 들어가야 하는 돈과 시간보다 훨씬 적은 비용으로 맛볼 수 있다면, 그야말로 가성비가 넘치는 일이 아닐 수 없다.

게임이 제공하는 체험은 현실에 존재하는 것을 모사하는 데서 그치지 않는다. 인간의 상상력이 닿는 곳에 있는 모든 것들은 게임을 통해 체험 가능한 것으로 바뀔 수 있다. 2007년 처음으로 출시되어 지금까지도 사랑받는 게임인 밸브 코퍼레이션의 〈포탈〉 시리즈는 '포탈건'이라는 흥미로운 물건을 가지고 미로를 탈출하는 게임이다. 이 총을 벽에 쏘면 한 번은 파란색, 한 번은 주황색의 포탈이 생겨나고, 이 둘은 서로 연결된다. 그리고 플레이어는 이 포탈건을 이용해 기존에 익숙했던 공간을 완전히 다른 관점에서 바라보며 함정과 막힌 길을 헤쳐 나가야 한다. 이 밖에도 게임이 제공하는 체험은 무궁무진하다. 게다가 그 아무리 위험하고 어려운 체험이라도 플레이어는 안전하고, 큰 위험부담 없이 즐길 수 있다.

한편, 게임의 체험은 이야기가 중심이 되는 것과 그렇지 않은 것으로 나눌 수도 있다. 그리고 오늘날 많은 게임이 '영화 같은' 게임을 표방한다. 게임의 초창기에는 기술력의 한계 때문에 밀도 있는 서사를 전달하는 것이 불가능하거나 어려웠다. 그러나 컴퓨팅 기술의 발전, 그중에서도 컴퓨터 그래픽의 눈부신 발전은 게임에 새로운 기대를 품을 수 있도록 만들었다.

'영화 같은'이라는 수식어를 대중에게 각인시킨 것은 블리자드 사의 게임들, 그중에서도 〈디아블로 2〉에서 선보였던 시네마틱 영상들일 것이다. 이 영상들은 게임 내에서 구현된 것이 아니라 별도로 제작되어 게임이 어느 정도 진행될 때마다 삽입되는 방식이었는데, 〈디아블로 2〉의 스토리가 보여주는 음울하고 절망적이면서 공포스러운 분위기를 전문 성우의 연기와 그 당시에는 매우 퀄리티 높은 3D그래픽을 통해 그야말로 '영화적'으로 연출해냈다. 오늘날에는 수많은 게임들이 저 시절과는 비교할 수 없을 만큼의 그래픽을 뽐내며 영화적 연출을 선보이고 있다.

게임은 서사를 전달하기 위해 기존의 매체들과 마찬가지로 텍스트, 대화, 내레이션, 이미지, 영상 등을 활용한다. 하지만 서사가 전개되는 방식에서는 게임과 다른 매체들 사이의 차이가 도드라진다. 대부분의 서사매체가 작가의 의도에 따라 시선과 시간의 흐름을 제약당하는 가운데 한 방향으로 진행된다면, 게임은 플레이어를 이런 제약에서 비교적 자유롭게 풀어둔다.

물론 게임 플레이를 서사에 얼마나 밀착시킬 것인지는 게임 디자인에 달린 문제고, 어떤 게임들은 선형적이고 자유도가 적은 방식의 플레이만을 제공하기도 한다. 그런 반면 대략적인 주제들은 제시되지만 실질적인 진행에서는 플레이어가 내키는 대로 길을 만들도록 하는 게임도 많다.

게임이 서사를 풀어가는 방식을 해묵은 논쟁을 통해 설명해보

자. 지금은 비교적 조용하지만 RPG[21] 팬들 사이에서는 일본식 RPG와 서양식 RPG에 대한 호오 논쟁이 격렬하게 이루어지곤 했다. 일본식 RPG는 스퀘어 사의 〈파이널 판타지〉 시리즈와 에닉스 사의 〈드래곤 퀘스트〉 시리즈가 대표했는데, 이 게임들의 특징은 자유도보다는 선형적인 스토리라인을 중시하고, 캐릭터성을 극대화한다는 데 있다.[22] 주인공을 포함해 게임에 등장하는 모두는 이미 각자의 배경을 갖고 있으며, 캐릭터들의 성장과 관계는 정해진 스토리를 따라 클라이맥스를 향해 흘러가게 된다.

반면 서양식 RPG는 바이오웨어와 블랙 아일 스튜디오가 공동 개발했던 〈발더스 게이트〉[23] 시리즈가 대표했다. 〈발더스 게이트〉는 캐릭터마다 서로 다른 능력치, 종족, 직업, 가치관을 갖고 있고, 이런 요소들은 게임 내 세계와 상호작용을 하는 방식에 영향을 끼쳤다. 유저들은 규칙이 허락하는 한도 내에서 문제를 해결하기 위해 다양한 방법을 활용할 수 있었다. 가령 내가 어떤 집에 들어가야 하는데 그곳이 열쇠로 잠겨 있고 문지기도 있다고 가정해보자. 내가 힘센 전사라면 문지기를 모두 해치우고 잠긴 문을 힘으로 부숴버

---

[21]　Role Playing Game의 약자. 플레이어가 게임에 등장하는 한 인물의 역할을 맡아 직접 수행하는 형식으로 된 컴퓨터 게임 유형.

[22]　이 두 게임은 일본 내에서도 강력한 라이벌로 여겨졌고 양 게임의 팬들 사이에서도 대립이 잦았다. 하지만 세월이 무상하게도 오늘날 두 회사는 합병해서 스퀘어 에닉스Square Enix라는 이름으로 존재하며 두 시리즈를 한 회사의 이름으로 내고 있다.

[23]　〈발더스 게이트〉는 〈던전 앤 드래곤〉을 기반으로 만들어졌다. 〈던전 앤 드래곤〉에 대해서는 이후 RPG 항목을 참조.

릴 수도 있다. 도둑이라면 투명 물약을 마신 다음 문지기에게 몰래 접근해서 열쇠를 훔쳐내면 된다. 만약 어느 사악한 존재가 자신을 위해 나쁜 짓을 해주면 막대한 보상을 주겠다고 말한다면 선한 성향의 캐릭터는 당장 그것을 거부하고 그를 공격하겠지만, 악한 성향의 캐릭터라면 더 많은 보상을 얻기 위해 흥정을 하거나 혹은 거짓말로 보상만을 얻어내려 할 수도 있다.

이쯤이면 두 집단의 게이머들이 왜 그렇게 혈투를 벌였는지 알 수 있을 것이다. 동시에 이는 과거 서사학자들과 게임학자들이 게임의 서사형식을 두고 벌인 논쟁의 쟁점이 되었던 부분이기도 하다. 게임이 과거의 서사 형식을 확장한 것인지 혹은 그것과 단절되는 새로운 형식의 서사인지에 대한 논쟁이었는데, 전자는 게임에서도 여전히 스토리가 중요하게 다루어진다는 점을 참조한 반면, 후자는 게임의 시뮬레이션적인 성격을 강조했다.[24]

하지만 전자는 기존 매체들이 보여주는 서사의 전형성을 따르고 있으나, 그것을 관조하는 것이 아니라 직접 여러 가지 과업을 수행하며 체험하게 된다는 점에서 전형적인 서사와는 다르다. 후자

---

[24]   관련 내용은 한혜원, 《디지털 게임 스토리텔링》, ㈜살림, 2005(네이버 지식백과 동일 항목 참조)의 〈게임과 서사의 충돌과 화합〉 챕터 참조. 이 책에서 한혜원은 게임에서 여전히 서사가 중요한 근거로 〈파이널 판타지〉 시리즈와 〈데빌 메이 크라이〉 등을 예로 드는데, 이 예들은 해당 게임들에 대한 이해가 부족한 상태로 제시된 것으로 보인다. 가령 〈파이널 판타지〉는 같은 제목에 넘버링만 바꾸며 발매되고 있지만 매 시리즈마다 다른 시공간에서 새로운 등장인물들에 의해 이야기가 진행됨에도 한혜원은 이것이 같은 스토리와 등장인물로 계속 이야기가 이어진다고 파악하고 있다.

는 기존 서사들이 보여주는 선형성을 탈피한 것처럼 보이지만 게임의 규칙과 세계관의 한계를 넘어설 수는 없으며, 결국 게임을 진행하려면 게임이 제시한 진행방향을 따라가게 된다는 점에서 완벽하게 자유롭다고 말할 수는 없다.

요컨대 게임의 서사는 기존의 일방향적인 매체들에 비해서는 자유를 부여할 수 있는 여지가 높지만, 그렇다고 해서 플레이어가 게임이 제시하는 서사를 무시하고 완전히 새로운 서사를 써나갈 수 있는 정도는 아니다. 이것이 가능한 게임 세계를 구현하는 것은 많은 게임 제작자와 게이머의 꿈이지만, 현재까지의 상황을 바탕으로 보자면 플레이어의 행동을 얼마나 예측하고 그에 대한 다양한 대응들을 준비해두었느냐의 문제에 가깝다고 볼 수 있다. 어떻게 해도 굳이 맵의 끝까지 가서 이곳저곳을 하염없이 들쑤시다 들어갈 수 없는 곳으로 들어가는 틈을 찾아내는 플레이어의 행동에 완벽하게 대응할 수는 없는 것이다.

4) 재미와 성취감

재미는 사람들이 게임을 하는 가장 근본적인 이유다. 게임이 재미없을 수는 있어도, 재미없기 위해서 게임을 하는 사람은 없다. 하지만 사람들마다 게임으로부터 재미를 느끼는 방식은 조금씩 다르다. 게임을 통해 경쟁에서 이기는 것이 즐거운 사람이 있고, 게임을 통해 현실세계로부터 벗어나 색다른 풍경을 느긋하게 탐험하는 것이 좋은 사람도 있다. 게임이 전해주는 이야기에 집중하는 사람이 있는가 하면, 이 안에서 내가 할 수 있는 한계가 무엇인지를 탐구하는 데 열중하는 사람도 있다. 낮은 확률을 뚫고 귀중한 아이템을 얻는 데서 짜릿함을 느끼는 사람도 있고, 내가 짠 전략이 그대로 들어맞는 것에서 쾌감을 느끼는 사람도 있다. 누군가는 게임 속 캐릭터에 반해 게임 밖에서까지 '덕질'을 이어나가고, 어떤 이들은 게임 속의 인연을 현실의 인간관계로 이어내기도 한다.

어쩌면 게임이 재미를 얻는 가장 훌륭한 수단이 아닐지도 모른다. 하지만 게임이 재미를 얻는 매우 효율적인 수단이라는 점은 부인하기 어렵다. 시내에 나가서 친구들을 만나 맛있는 것을 먹고 수다를 떠는 데에 드는 돈이면 며칠에서 몇 달, 길게는 몇 년을 즐길 수 있는 게임을 구매할 수 있다. 모든 것이 돈으로 환산되는 자본주의 사회에서는 재미도 결국 '구매'로 얻게 되는 것이 대부분이다. 그리고 게임은 그중에서도 제법 저렴한 축[25]에 속한다.

한편 게임으로 얻어지는 것에는 놀랍게도 성취감이 있다. 세상이 극도로 적은 수의 승리자와 대다수의 패배자로 양분되어가고 있다는 것을 생각해보면, 게임은 이길 수 있는 확률이 제법 높은 편

---

[25] 물론 게임을 하기 위해서는 게임기, 고성능PC, 최신 스마트폰과 같은 비싼 전자기기가 필요하다는 점에서 절대적으로 저렴하다고 보긴 어렵다.

이다. 비록 어떤 게임들은 지나치게 실력에 따라 승패가 좌우되고, 확률을 돈으로 무시할 수 있는 게임들이 인기차트를 장악하고 있음에도 불구하고, 게임에서는 여전히 세상 사는 데 큰 도움은 안 되는 사소한 승리와 작은 성취를 맛볼 수 있다.

만약에 세상이 누구나 도태될 걱정 없이 경쟁하고, 시간과 공간과 돈 걱정 없이 하고 싶은 것을 마음껏 하고, 누군가가 나를 속이거나 해치지 않을까 걱정하지 않고 우정을 나눌 수 있는 곳이었다면, 게임의 인기는 지금보다 덜했을지도 모르겠다. 하지만 우리 대부분은 다 저런 이상적인 상황들과 정반대의 삶 속에서 전전긍긍하며, 물질과 시간과 마음 모두에서 다소 옹졸한 만큼의 여유만을 겨우 갖게 된다. 게임이란 결국 이런 상황에서 어떻게든 즐겁고자 하는 인류가 발전시킨 재미의 기술이다.

게임을 분류하기

게임을 분류하는 방법은 표준이 없다고 해도 과언이 아니다. [표 1-1]은 주요 게임 상점 및 게임관련 문헌들에서 발췌한 게임 분류 목록이다.

중복되는 주요한 항목들이 존재하긴 하지만, 분류의 기준이나

[표 1-1] 주요 상점 및 게임관련 문헌의 게임 분류

구글 플레이스토어[26]	스팀[27]	에픽게임즈	메타크리틱
교육	무료	액션	액션
단어	앞서 해보기	어드벤처	어드벤처
롤플레잉	대규모 멀티플레이어	인디	대전격투
보드	레이싱	RPG	FPS
스포츠	롤플레잉	전략	비행
시뮬레이션	스포츠	오픈월드	파티게임
아케이드	시뮬레이션	슈팅	플랫포머
액션	액션	퍼즐	퍼즐
어드벤처	어드벤처	1인칭	레이싱
음악	인디	내레이션	실시간 전략
자동차경주	전략	시뮬레이션	롤플레잉
전략	캐주얼	캐주얼	시뮬레이션
카드		턴 기반	스포츠
카지노		호러	전략
캐주얼 게임		플랫포머	TPS
퀴즈		파티	턴 기반 전략게임
퍼즐		생존	전쟁게임
		퀴즈	프로레슬링
		도시건설	
		잠입	
		전투	
		코미디	
		액션 어드벤처	
		레이싱	
		로그라이트	
		카드 게임	

전경란(2014)[28]	윤형섭 외(2012)[29]	윤태진(2015)[30]
아케이드	슈팅	어드벤처
어드벤처	액션	아케이드
롤플레잉	어드벤처	롤플레잉
시뮬레이션	시뮬레이션	시뮬레이션
	롤플레잉	전략
	스포츠	에듀테인먼트
	FPS	

항목의 수만 보더라도 일관성을 찾기가 쉽지 않다. 이런 구분법의 최전선이라고 할 수 있을 게임 상점들의 분류표에서는 자체적으로도 일관성이 존재하지 않는다.

　이는 각각의 분류가 서로 다른 목적과 관점을 가지고 있기 때문이다. 일반적인 상점들이 유행하는 물건이나 밀고 있는 물건들을 눈에 잘 띄는 곳에 배치하는 것처럼, 게임 상점의 장르 구분 역시 비슷한 목적을 중심에 둘 수밖에 없다. 하지만 유행은 시시각각 변하는 것이다 보니, 유행에 따라 배치한 결과 상점의 분류는 분류가 갖고 있는 본래의 기능을 거의 상실한 수준으로 어지러운 배치를 보인다. 반면 학자들의 분류는 게임의 가장 고전적이고 기본적인 장르들을 중심으로 구성되어 있지만 오늘날의 발전상을 담기에는 너무 막연하다.

　이후의 글에서 나는 게임을 각각 장르, 플랫폼, 규모, 연결 형태, 판매 형태에 따라서 분류해보려고 한다. 다양한 기준을 제시하는 이유는 오늘날 존재하는 게임들의 지형도를 여러 관점에서 복합적으로 바라보기 위함이다.

26　2020년 12월 기준.
27　2020년 12월 메인화면 카테고리 기준.
28　전경란, 《디지털 게임이란 무엇인가》, 커뮤니케이션 북스, 2014. 네이버 지식백과 〈디지털 게임 장르〉 항목에서 재인용.
29　윤형섭 외, 《한국 게임의 역사》, 북코리아, 2012. 네이버 지식백과 〈게임의 장르〉 항목에서 재인용.
30　윤태진, 《디지털 게임문화연구》, 커뮤니케이션 북스, 2015. 네이버 지식백과 〈게임 장르〉에서 재인용.

1) 장르에 따른 구분

　게임을 분류하는 가장 전통적인 방식은 게임 플레이 방식에 따른 장르로 나누는 것이다. 장르는 기본적으로 게임의 플레이 방식에 대한 명명이다. 하지만 이 플레이 방식들은 게임의 발전 과정에서 계속해서 뒤섞여왔다. 그렇기 때문에 이제는 장르의 순수한 형태를 그대로 답습하는 게임들을 찾아보기가 매우 어려워졌다.

① 액션

　액션은 가장 원초적인 게임이라고 볼 수 있다. 액션게임은 액션영화를 연상케 하기에, 격투나 총격전 같은 것을 생각하기 쉽다. 하지만 그것이 게임의 플레이 방식에 대해서 설명해주는 바는 거의 없다. 게다가 전투는 액션게임이 아니더라도 수많은 게임들에서 반복적으로 등장하는 주제다. 그러니 영화 장르인 액션과 게임인 액션은 다르다고 보아야 한다.

　그렇다면 액션게임은 어떻게 규정할 수 있을까? 한 가지 생각해볼 점은 액션과 '아케이드'가 종종 동일하거나 유사한 장르로 여겨진다는 것이다. 아케이드는 흔히 말하는 오락실 게임들이다. 오락실 게임들은 플레이 시간이 짧고, 조작이나 게임 방식이 직관적인 경우가 많다. 그도 그럴 것이 오락실에서 저장과 불러오기를 반복하며 100시간짜리 게임을 붙잡고 있을 수는 없기 때문이다. 즉 동전을 넣고 시작해서 정해진 목숨이 다할 때까지 플레이할 수 있는 게임들이어야 한다. 따라서 액션게임은 직관적인 플레이 스타일의 게임으로 정의되는 것이 좀 더 명확하다.

액션의 대표적인 세부 장르

플랫포머: 길고 짧고 움직이고 사라지는 발판들로 이루어진 맵을 뛰어다니며 목적지에 도착하거나 적을 무찌르는 게임이다. 가장 대표적인 게임으로는 〈슈퍼마리오 브라더스〉 시리즈, 〈소닉 더 헤지혹〉 시리즈, 〈록맨〉 시리즈 등이 있다.

매트로바니아: 닌텐도의 〈메트로이드〉와 코나미의 〈캐슬바니아〉가 합쳐진 이름이다. 기본적으로는 플랫포머와 비슷하지만 보통의 플랫포머 게임보다 훨씬 더 넓은 지형을 가지고 있다. 그 지형을 탐사하면서 아이템이나 능력을 얻고 기존에 가지 못했던 길들을 돌파해 최종보스까지 도달하는 것이 목표다. 플레이 시간도 보통의 플랫포머보다 훨씬 길고, 주로 가정용 게임기용으로 발매되었다.

슈팅: 이른바 비행기 게임이다. 우주선, 전투기, 사람 같은 것들을 움직이며 날아오는 적의 탄환을 피해 적을 격추시키는 게임이

다. 이 장르를 대대적으로 유행시킨 것은 타이토의 〈스페이스 인베이더〉였으며, 한국에서는 〈갤러그〉가 유명했다. 최근에는 오락실의 쇠퇴와 더 다양한 게임들의 등장으로 쇠락하고 있는 장르다.

벨트스크롤: 한 방향으로 진행하면서 등장하는 적들을 무찌르는 게임이다. 플랫포머와 비슷한 면이 있지만, 지형지물을 돌파하는 것보다는 전투에 집중되어 있다. 캡콤의 〈파이널 파이트〉가 공전의 히트를 기록한 바 있다. 이 장르 역시 최근에는 쇠락하고 있다.

대전 격투: 두 사람의 플레이어가 1 대 1로 격투를 벌이는 게임이다. 〈스트리트 파이터 2〉 이후로 대대적인 유행을 맞이했다. 〈스트리트 파이터〉 시리즈, 〈철권〉 시리즈, 〈킹 오브 파이터〉 시리즈, 〈모탈 컴뱃〉 시리즈 등이 유명하다.

건슈팅: 총모양의 컨트롤러를 이용해 화면에 나타나는 오브젝트들을 쏘는 방식으로 진행되는 게임이다. 1984년 발매된 닌텐도의 〈덕 헌트〉가 대중적인 인기를 얻은 첫 건 슈팅이었다. 〈버추어 캅〉 시리즈, 〈타임 크라이시스〉 시리즈, 〈하우스 오브 더 데드〉 시리즈 등이 대표적이며, 최근에는 가상현실VR이나 4D와 결합된 게임들도 선을 보이고 있다.

리듬액션: 음악에 맞춰 버튼을 누르거나, 춤을 추거나, 악기 모양의 컨트롤러로 연주를 하는 방식의 게임이다. 1997년 디제잉 장비를 본떠 만든 코나미의 〈비트 매니아〉가 대중적으로 성공하면서 유행했다. 조작이 단순한 가벼운 게임에서부터, 경우에 따라서는 실제의 악기 연주와 다를 바 없는 매니악한 게임도 존재한다. 한국에서도 〈비트 매니아〉에 영향을 받은 〈EZ2DJ〉와 〈DDR〉에 영향을 받은 〈PUMP it UP〉이 제작되어 큰 인기를 끌었으나, 표절 논란을 빚으며 코나미와의 소송전으로 이어지기도 했다. 그 밖의 대표적 게임으로는 반다이 남코의 〈태고의 달인〉 시리즈, 코나미의 〈드럼 매니아〉 시리즈와 〈유비트〉 시리즈 등이 있다.

FPS(First Person Shooter): 1인칭 시점으로 진행되며 주로 총을 들고 적과 싸운다. 1992년 이드 소프트웨어가 개발한 〈울펜슈타인 3D〉의 성공 이후 본격적으로 등장하기 시작했다. 위의 건슈팅 게임과 흡사하지만, 건슈팅은 정해진 경로를 따라가는 반면, FPS에서는 캐릭터의 이동이나 시점 등이 자유롭고, 건슈팅보다 훨씬 더 긴 흐름으로 진행되는 경우가 많다. FPS와 비슷하지만, 1인칭이 아니라 3인칭 시점으로 진행되는 게임은 TPS(Third-Person Shooter)로 불린다. 대표적인 게임들로는 〈둠〉 시리즈, 〈퀘이크〉 시리즈, 〈하프라이프〉 시리즈, 〈파 크라이〉 시리즈, 〈헤일로〉 시리즈 등이 있다.

파티게임: 친구나 가족들이 모여 함께 즐겁게 플레이할 수 있도록 만들어진 게임으로, 다인용플레이가 기본이다. 규칙이 단순하고 플레이 시간이 짧은 경우가 많다. 〈마리오 파티〉 시리즈, 〈어몽 어스〉, 〈폴 가이즈〉, 각종 보드게임의 이식작 등이 대표적이다.

② RPG(Roll Playing Game)

RPG 게임 개발에 불을 지핀 것은 테이블 톱 RPG였던 〈던전 앤 드래곤Dungeon and Dragon〉(D&D)이었다. 〈D&D〉는 택티컬 스터디스 룰스Tactical Studies Rules(TSR) 사[31]에서 1970년대에 내놓은 것으로, 기본적으로는 세계관과 규칙을 설명해놓은 책이다. 다양한 판타지와 SF소설에서 영감을 받아 수많은 괴물, 종족, 신, 마법, 보물, 세력 등을 구축해둔 중세 판타지 세계의 전형이다. 게임은 던전마스터와 플레이어들이 커다란 테이블에 모이면 시작된다. 던전마스터는 기본적인 설정과 규칙들을 참조해 모험의 시나리오를 만든다. 플레이어들은 다양한 종족과 직업, 능력치들을 조합해 자신의 캐릭터를 작성한다. 게임이 시작되면 던전마스터는 플레이어들에게 다양한 상황을 제시하고, 플레이어들은 캐릭터의 능력과 가지

---

[31]   TSR은 이후 위저드 오브 더 코스트Wizards of the Coast 사에 인수되었고, 이 회사 역시 미국의 거대 완구회사인 해즈브로Hasbro에 인수되어 자회사가 되었다.

고 있는 자원, 그리고 무엇보다 상상력을 동원해 그 상황을 헤쳐 나가야 한다. 그리고 이 모든 상황의 성패를 판가름하는 것은 다면체 주사위다. '롤플레잉Roll Playing'이라는 이름도 이 굴러가는 주사위들에서 나왔다.

컴퓨터로 구현된 RPG, 이른바 CRPG는 이 〈D&D〉의 세계를 컴퓨터로 구현하려는 시도에서 시작되었다. 요컨대 〈D&D〉의 규칙에 따라 이런저런 계산을 하는 것은 계산기계인 컴퓨터에게 맡기고, 플레이어는 게임에 집중할 수 있도록 하려는 것이다. 1980년을 전후해 출시된 〈로그〉〈울티마〉〈위저드리〉를 필두로 해서 북미와 일본에서 PC와 게임기용으로 개발된 다양한 RPG가 등장하게 된다.

게임 플레이에서 RPG의 핵심이라고 할 법한 것이 몇 가지 있다. 캐릭터의 성장, 의미 있는 선택과 결과, 깊이 있는 이야기와 인물, 살아 있고 변화하는 세계 같은 것들이다. 다만 게임 디자인의 의도와 목적에 따라서 어떤 것들은 더 부각되고, 어떤 것들은 포기될 수 있다. 그렇기 때문에 무엇이 최고의 RPG 게임이냐를 두고 벌어지는 논쟁은 다른 장르에 비해서도 유독 격렬한 편이다. 예의 JRPG와 WRPG의 논쟁을 비롯해 무엇이 RPG의 본질인지에 대한 논쟁도 영원히 이어지고 있다.

RPG 게임의 요소들은 오늘날 매우 보편적인 게임 메커니즘으로 자리 잡았다. 그중에서도 가장 핵심적인 유산을 꼽자면 캐릭터의 '성장'이다. 예를 들어 마리오나 소닉은 처음 시작할 때나 최종

보스전이나 똑같은 능력을 지닌다. 이는 다시 말해 게임을 시작하자마자 등장하는 마리오와 소닉이라도 최종보스인 쿠파나 닥터 에그맨을 무찌를 수 있다는 이야기다. 하지만 대부분의 RPG 게임에서는 그런 것이 불가능하다. 몬스터를 무찌르고 퀘스트를 해결하면서 경험치를 얻고, 더 많은 동료들과 더 강력한 장비들을 얻어 충분히 강해져야 최종보스를 상대할 수 있다. 온라인/모바일 게임의 시대가 도래한 이후에는 성장을 통한 플레이어 간의 경쟁이라는 요소가 게임의 핵심 요소로 부상하면서 성장이 그 자체로 게임의 목표가 되는 경향을 보이고 있다.

RPG의 주요 세부 장르

WRPG: 이른바 서양식 RPG. 높은 자유도, 전략적 전투, 캐릭터의 능력치와 가치관에 따른 전개의 변화 등이 특징이다. 오늘날 WRPG를 구분하는 기준점이 된 작품들은 1998년에 출시된 〈발더스 게이트〉 시리즈와 1997년에 출시된 〈폴아웃〉 시리즈가 대표적이다. 이 외에도 〈플레인스케이프: 토먼트〉, 〈드래곤 에이지〉 시리즈, 〈디비니티: 오리지널 씬〉 시리즈 등이 있다.

JRPG: 이른바 일본식 RPG다. 선형적인 진행, 이미 완결된 스토리텔링, 캐릭터성의 강조 등이 특징이다. 전투 시 커맨드를 입력해 싸우는 것도 중요한 특징이었지만 오늘날에는 꼭 그렇지는 않다. 1986년 처음 발매한 〈드래곤 퀘스트〉 시리즈와 1987년 처음 발매한 〈파이널 판타지〉 시리즈 등을 필두로 해, 〈여신전생〉과 〈페르소나〉 시리즈 등이 여전히 명맥을 잇고 있다. 사실 오늘날 WRPG와 JRPG의 구분은 과거만큼 확고한 것은 아니다.

SRPG: 일본에서 명명한 하위 장르로서 시뮬레이션 RPG를 의미한다. 격자무늬 전장에서 병정놀이와 비슷하게 캐릭터들을 이동시키며 싸우는 전략적 전투시스템을 가진 게임들이다. 1990년 처음 출시한 〈파이어 엠블렘〉 시리즈를 통해 틀이 확립되었다. 〈파랜드 택틱스〉 시리즈, 〈슈퍼로봇대전〉 시리즈, 〈랑그릿사〉 시리즈, 한국에서 개발한 〈창세기전〉 시리즈 등이 대표적이다.

액션 RPG: RPG에 액션게임의 직관적인 조작을 결합한 것이다. 기본적인 RPG 시스템은 유지하되, 주로 전투 같은 부분을 액션게임처럼 진행한다. 최근 나오는 대부분의 RPG들은 액션 RPG의 성격을 띠는 경우가 많다. 특히 AAA 게임(막대한 개발비와 수많은 마케팅 비용이 사용된 대작 게임)의 경우에는 이런 경향이 더 도드라진다. 대표적인 게임만 언급해도 아주 많기 때문에 소개가 어려울 정도다. 공신력 있는 리뷰 사이트들의 평가 점수를 모아놓은 사이트 메타크리틱의 RPG 장르 상위에 랭크된 게임들을 기준으로 보면, 〈매스이펙트〉시리즈, 〈더 위쳐〉시리즈, 〈스타워즈 구 공화국의 기사단〉시리즈, 〈다크소울〉시리즈 등등이 있다.

핵 앤 슬래시 Hack and Slash: 자르고 벤다는 뜻으로 RPG를 한 번 더 단순하게 만든 하위장르다. 1996년 블리자드가 발표한 〈디아블로〉가 대표적이다. 상황에 대한 다양한 대응법이나, 깊이 있는 스토리 대신 끝없는 전투와 아이템 획득에 중점이 맞춰져 있다. 〈디아블로〉가 발매된 이후 게임계에서는 이것도 RPG인가를 두고 격렬한 논쟁이 벌어졌으나, 오늘날 그런 의문을 제기하는 이들은 매우 소수가 되었다. 〈디아블로〉의 플레이 방식을 가장 충실하게 계승하고 있는 게임들로는 〈패스 오브 엑자일〉〈타이탄 퀘스트〉〈토치라이트〉시리즈 등이 있다.

오픈 월드 RPG: 오픈 월드는 RPG에만 존재하는 세부 장르는 아니다. 하지만 RPG와 만날 때 가장 훌륭한 시너지를 일으킨다. 이런 유형의 게임들은 광활하고 탐험 가능한 세계 속에 플레이어를 던져놓는다. 이른바 메인 스토리라는 것이 존재하긴 하지만, 세계의 구석구석을 탐험하고 온갖 일에 참견하기에 바빠서 그런 것들은 뒷전으로 밀어두게 되기 십상이다. 대부분의 오픈월드 RPG를 제대로 즐기려면 대략 100시간 정도가 필요하다. 처음 세상에 던져지면 뭘 해야 할지 몰라 허둥대다 게임에 흥미를 잃는 경우도 많다. 인내심을 갖고 초반 플레이를 잘 넘겨야 캐릭터의 능력도 높아지고 플레이어의 숙련도도 올라 더 재미있어진다. 〈폴아웃〉 시리즈, 〈엘더스크롤〉 시리즈 등이 대표적이다.

　로그라이크: 1980년에 발표된 게임인 〈로그〉와 비슷한 유형의 게임들을 지칭한다. 규칙과 절차에 따라서 랜덤하게 생성된 던전을 돌파하는 것이 목표다. 한번 죽으면 그동안의 모든 진행상황이 다 사라지고 다시 처음부터 완전히 새롭게 만들어진 던전을 탐험해야 한다. 다만 등장하는 몬스터나 아이템은 정해진 자원 풀pool 내에서 임의로 정해지는 것이므로 완전히 뜬금없는 상황을 맞이하지는 않는다. 하지만 밸런스 등을 고려해 설계되는 것이 아니므로, 난이도가 어려워지는 경우가 많다. 최근에는 이런 임의생성과 플레이가 반복될수록 플레이어가 좀 더 강해질 수 있는 요소를 도입해 난이도를 낮추는 방식의 이른바 로그라이트Rougelite 게임들이 많아지고 있다. 원작 〈로그〉의 정신을 그대로 계승한 작품으로는 〈던전 크롤〉〈넷핵〉 등이 있으며, 좀 더 편의성(?)을 높인 로그라이트 게임들로는 〈하데스〉〈다키스트 던전〉〈아이작의 번제〉 등이 있다.

'모험'이라는 장르의 이름은 최초의 어드벤처 게임인 1976년작 〈콜로설 케이브 어드벤처Colossal Cave Adventure〉에서 따온 것이다. 콜로설 동굴은 미국 켄터키주에 있는 실존하는 동굴로, 개발자인 윌리엄 크라우더William Crowther는 딸을 위해 이 게임을 만들었다고 한다. PC에서 구동되었으며 이미지 없이 텍스트로만 진행되었다. 현재 상황을 설명하는 텍스트가 뜨고, 거기에 내가 하고자 하는 행동을 직접 타이핑하면 그 행동에 대한 결과가 출력되는 식이었다.

한편 이 게임을 하면서 감명받은 로버타 윌리엄스Roberta Williams는 남편인 켄 윌리엄스Ken Williams와 함께 비슷한 방식의 게임을 만들어보기로 결심한다. 그리고 1980년 당시 출시된 최신 컴퓨터인 애플Ⅱ의 성능에 힘입어 세계 최초의 PC용 그래픽 어드벤처 게임인 〈미스테리 하우스〉를 완성한다. 거대한 저택에서 살인사건이 발생하고, 모두 살해당하기 전에 보물을 발견해야 한다는 추리소설풍의 시나리오였으며, 당시에는 이례적으로 상업적 성공을 거두었다. 이에 부부는 아예 본업을 접고 게임 개발에 뛰어들어 고전 어드벤처 게임의 황금기를 연 시에라 온라인[32]을 설립한다.[33]

---

[32] 윌리엄스 부부는 79년에 온라인 시스템즈On-Line Systems라는 회사를 설립했다가, 82년 회사가 있었던 캘리포니아 오크허스트 근처의 산맥 이름을 딴 시에라 온라인Sierra On-Line으로 회사 이름을 바꿨다. 현재 회사는 사라졌고 액티비전-블리자드가 상표권을 갖고 있다.

전통적인 어드벤처게임의 스타일은 '포인트 앤 클릭'으로 대표된다. 화면 안에서 수상해 보이는 곳을 여기저기 클릭해서 아이템을 얻거나 퍼즐을 풀며 스토리를 진행해가는 방식이다. 어떤 면에서는 상호작용할 수 있는 장르소설 같은 면모도 많았다. 다루는 테마 역시 미스터리, 모험, SF, 공포 등이 대부분이었다. 〈킹스 퀘스트〉 시리즈, 〈원숭이섬의 비밀〉 시리즈, 〈인디아나 존스〉 시리즈, 〈룸 LOOM〉, 〈미스트〉 등이 어드벤처의 전성기를 구가했던 게임들이다.

어드벤처 게임의 대부분의 요소들은 오늘날 AAA 게임들에 녹아들어 있다. 거대한 비밀을 찾아가는 스토리텔링, 자연스럽게 배치되어 있는 퍼즐, 등장인물 및 지형지물과의 재치 있는 상호작용 같은 것들이다. 그 때문에 과거처럼 모험의 느낌을 전해주는 대작 어드벤처 게임들은 사실상 AAA 오픈월드 게임 속의 탐험요소들에 의해 대체되었다고 할 수 있다. 하지만 인디게임의 부흥과 함께 어드벤처 게임은 대형 게임들에서는 다루기 어려운 깊은 주제의식이나 이야기를 전달할 수 있는 훌륭한 도구로서 다시 각광받고 있으며, 미스터리나 공포 같은 테마와는 여전히 환상의 궁합을 보여주고 있다.

---

33   더 자세한 내용은 넷플릭스 다큐멘터리 〈하이스코어〉 3화 '롤플레잉 게임의 탄생'을 참조하라. 이 다큐에서는 롤플레잉 게임의 탄생도 직접적으로 다루고 있다.

어드벤처의 주요 세부 장르

액션 어드벤처: 어드벤처를 직관적인 액션의 조작과 결합한 것이다. 포인트 앤 클릭에서는 기술의 한계로 제한적으로만 전할 수 있었던 모험과 탐험이라는 느낌을 더 생생하게 전달할 수 있다. 지형지물과 배경을 플레이어가 능동적으로 탐사할 수 있으며, 실시간으로 대응해야 하는 박진감 넘치는 이벤트들 역시 가능하다. 액션 어드벤처야말로 액션영화의 경험을 게임으로 재현하려는 이른바 "영화 같은 게임"의 가장 좋은 예시라고 볼 수 있을 것이다.

실제로 이 장르에는 유독 게임계의 전설 같은 타이틀이 잔뜩 포진해 있다. 엄밀하게는 정통 어드벤처 게임의 확장이라기보다는 이 장르의 게임들이 어드벤처의 요소들을 흡수한 것에 가깝다. 메타크리틱의 '올타임 베스트^{All-time Best}' 상위권에 랭크된 게임 중에서는 〈젤다의 전설〉 시리즈, 〈GTA〉 시리즈, 〈레드 데드 리뎀션〉 시리즈, 〈언차티드〉 시리즈, 〈메탈 기어 솔리드〉 시리즈, 〈라스트 오브 어스〉 시리즈, 〈갓 오브 워〉 시리즈 등이 모두 액션 어드벤처로 분류되어 있다. 이 외에도 〈툼 레이더〉 시리즈, 〈어쌔신 크리드〉 시리즈 등 이른바 대부분의 AAA급 프랜차이즈가 여기에 속해 있다.

탐정/추리: 〈미스터리 하우스〉 이래로 추리소설의 경험을 재현하는 데에는 어드벤처가 가장 최적화되어 있다고 볼 수 있다. 실제로 셜록 홈스 시리즈나, 애거사 크리스티의 작품 등 유명한 추리소설들을 테마로 만든 게임들도 많이 존재하며, 단순한 범죄수사뿐만 아니라 음모론, 초자연적인 존재, 이데올로기, 정치(특히 전체주의) 같은 주제들을 훌륭하게 녹여낸 작품이 많다. 〈단간론파〉 시리즈, 〈역전재판〉 시리즈, 〈헤비 레인〉, 〈리턴 오브 더 오브라 딘〉, 〈허 스토리Her Story〉, 〈라스트 익스프레스The Last Express〉, 한국개발자 somi가 개발한 〈레플리카Replica〉, 〈리갈 던전Legal Dungeon〉 등이 있다.

공포: 최초의 공포게임은 1972년 최초의 가정용 게임기인 '마그나복스 오디세이Magnavox Odyssey'용으로 출시된 〈헌티드 하우스〉로 알려져 있다. 이 게임은 두 명의 플레이어가 각자 유령과 인간을 맡아 쫓고 도망치는 술래잡기에 가까운 게임이었다. 이후에도 많은 장르의 게임들이 공포를 구현하기 위해 노력했는데, H. P. 러브크래프트Howard Phillips Lovecraft의 '크툴루 신화'같은 호러 소설이나, 할리우드의 호러 영화, 전승과 민담에 등장하는 초자연적인 존재들, 연쇄살인마 등을 모티브로 삼았다. 〈어둠속에 나홀로〉 시리즈, 〈사일런트 힐〉 시리즈, 〈바이오 하자드〉 시리즈, 〈아웃라스트〉 시리즈, 〈령〉 시리즈, 〈데드스페이스〉 시리즈, 〈암네시아〉 시리즈, 한국에서 개발한 〈화이트데이〉 등이 대표적이다.

연애: 게임에서 연애를 본격적인 주제로 다룬 최초의 게임은 코

나미의 〈도키메키 메모리얼〉로 알려져 있다. 연애 대상으로 '공략' 가능한 여러 명의 여성/남성이 등장하고 원하는 대상(혹은 전부)과 호감도를 높여 연인이 되는 것이 목표다. 연애 그 자체가 목적인 게임이 있는 반면, 다른 배경 스토리와 연애 요소를 결합하거나, 아예 다른 게임을 결합하는 경우도 있다. 최근에는 특히 RPG 게임들을 중심으로 동료들과 연인이 될 수 있는 시스템을 집어넣기도 한다. 크게 남성향과 여성향, 이성애와 동성애, 성인용과 청소년용으로 나뉜다. 일본 만화풍의 일러스트 캐릭터들이 등장하는 것이 대부분이지만, 실제 배우가 연기한 작품도 있으며, 인간이 아닌 존재들이 등장하기도 한다. 섹스를 노골적으로 다루는 포르노에 가까운 게임도 다수 존재한다.

④ 시뮬레이션

시뮬레이션의 사전적 의미는 모의실험이다. 어떤 것을 흉내 내어 모델을 만들고 그 모델을 통해 원래 탐구하고자 했던 대상이 어떻게 변화할지를 예측하는 것이다. 이렇게 생각하면 모든 게임은 시뮬레이션의 속성을 갖고 있다. 게임에서 벌어지는 일은 실제 세계에서 벌어지는 일이 아니기 때문이다. 그 때문에 시뮬레이션은 고전적인 게임 장르의 구분 중에서도 가장 변별력이 떨어지는 구분이었다. 비행기를 조종하는 것도, 문명을 발전시키는 것도, 전쟁을 지휘하는 것도 모두 시뮬레이션으로 분류되었기 때문이다.

시뮬레이션 게임을 이야기할 때 빠질 수 없는 게임 제작자가 두 명 있다. '세계 3대 게임 제작자'라는 정체불명의 리스트(말하는 사람에 따라서 구성원이 바뀌곤 했던)에 포함되어 있었던 윌 라이트Will Wright와 시드 마이어Sid Meier다. 윌 라이트는 〈심시티〉 〈심즈〉 〈스포어〉를 비롯해 그야말로 시뮬레이션이라고 부를 수 있을 만한 게임들을 주로 만들어낸 게임 제작자다. 그의 초창기 대표작인 〈심시티〉는 도시를 건설하는 게임으로 도로, 상하수도시설, 전력 같은 인프라 건설부터 도시에서 발생할 수 있는 각종 문제들, 예컨대 환경오염, 교통체증, 치안악화, 자연재해와 'UFO의 습격'에 이르기까지를 체험해볼 수 있는 게임이다. 〈심즈〉는 일종의 인생 시뮬레이터다. 플레이어는 게임 속의 '사람'이 되어 먹고, 자고, 싸는 일을 해결해야 함은 물론이고, 집을 짓고, 직업을 갖고, 이웃과 교류하며, 연애나 결혼도 하고 자녀를 낳을 수도 있다. 〈스포어〉는 여기서 한 발 더 나아가 생명의 태동기에 존재하던 작은 세포에서 시작해 진화를 거듭해 지성체가 되고, 우주까지 진출하는 장대한 여정을 압축해 놓았다.

시드 마이어의 초창기 게임들 역시 전형적인 의미에서의 시뮬레이션이었다. 그는 공군 출신이었던 친구 빌 스텔리Bill Stealey와 함께 마이크로프로즈Microprose를 설립하고 전투기나 잠수함 조종 시뮬레이션들을 만들어냈다. 그러다 1987년 〈시드 마이어의 해적!〉

을 내놓으며 소위 샌드박스[34] 게임의 초창기적 모델을 선보였고, 1990년에는 오늘날 일종의 장르가 된 타이쿤Tycoon[35]게임의 시초인 〈레일로드 타이쿤〉을 발표했다. 그리고 1991년에는 〈시드 마이어의 문명〉을 선보여 600만 장의 판매고를 올리는 선풍적인 인기를 끌었다. 시드 마이어의 게임들 역시 모두 시뮬레이션의 대표적인 양상들을 보여주고 있는데 조종 시뮬레이션, 샌드박스, 경영 시뮬레이션, 문명건설 및 턴 기반 전략 등은 예의 윌 라이트의 게임들과 마찬가지로 시뮬레이션이라는 장르에서 기대할 수 있는 전형적인 요소들이다.

오늘날에는 시뮬레이션을 더 세분화해 여러 장르로 나누는 것이 일반적인 분류법이 되었다. 하지만 이 역시 나누는 사람에 따라 다소 자의적으로 구분되어 있기 때문에 여전히 애매하다. 메타크리틱을 기준으로 보면 시뮬레이션 게임은 레이싱이나 조종, 그리고 '심즈'류의 시뮬레이터 등이고 '문명'류의 게임이나 전투를 다루는 게임들은 전략게임으로 분류하고 있다. 하지만 여기에 실시간 전략과 턴제 전략을 별도의 하부장르로 나누고, 워게임이라는 범주로 전쟁게임을 또 하나의 장르로 다루고 있어서 혼란을 줄이기에는 여전히 미흡하다.

34   아이들이 장난감으로 사용하는 모래상자를 뜻하는 말. 오픈월드와 비슷한 의미로 쓰인다.
35   원래는 일본의 쇼군將軍에서 유래한 말로 정재계의 거물을 뜻하는 단어다.

시뮬레이션의 중요 세부 장르

레이싱/조종: 현실에 존재하거나 존재하지 않는 탈것들을 조종해 전투나 경주에 참가하는 장르다. 간혹 순수하게 조종만을 목적으로 하는 게임들도 있다. 원본의 조종경험을 얼마나 세밀하게 묘사하고 반영하는가에 따라서 매우 다른 경험을 선사한다. 일부 게임은 시뮬레이션이라기보다는 액션에 더 가까운 게임성을 갖고 있다. 대표적인 게임들로는 〈그란투리스모〉 시리즈, 〈포르자〉 시리즈, 〈F1〉 시리즈, 〈마이크로소프트 플라이트 시뮬레이터〉 시리즈 등이 있다.

건설/경영: 도시, 회사, 놀이공원, 식당, 국가 등을 설계하고 운영해볼 수 있는 게임들이다. 발생하는 다양한 문제들에 대처하고, 기술과 시설을 확장하면서 지배적인 사업자가 되는 것을 목표로 한다. 이 역시 '타지 않게 붕어빵 굽기' 같은 미니게임에 가까운 형태부터 현실의 정교한 반영에 이르기까지 다양한 층위에 걸쳐서 존재한다. 〈시티즈 스카이라인〉, 〈트로피코〉 시리즈, 〈플래닛 코스터〉 등이 대표적이다.

스포츠/레저: 축구, 야구, 농구, 미식축구, 골프, 테니스, 올림픽, 사냥, 낚시 등등 현존하는 거의 모든 스포츠와 레저 활동들은 그것에 대한 게임을 갖고 있다고 해도 과언이 아니다. 다른 모든 시뮬레이션들과 마찬가지로 여기에도 액션게임에 가까운 것들에서부터 현실에 활용될 정도로 정교하게 짜인 것에 이르기까지 넓은 스펙트럼이 존재한다. 인기 스포츠들은 스포츠 리그와 라이선스 계약을 맺어 실제 팀과 선수의 데이터를 상세하게 측정해 게임에 반영한다. 프로선수들이 게임 내에 구현된 자신의 능력치를 보고 만족스러워하거나 불만을 토로하는 모습도 어렵지 않게 볼 수 있다. 〈피파〉 시리즈, 〈NBA2K〉 시리즈, 〈풋볼 매니저〉 시리즈 등이 대표적이다.

(직업)체험: 세상에 존재하는 다양한 것들을 체험하게 해주는 게임도 많다. 현대적인 농기구들로 농사를 짓거나, 트럭 운전사가 되어 유럽 전역을 돌아다니며 물건을 실어 나르거나, 진짜로 요리를 하는 것 같은 경험을 해보고, 컴퓨터 조립 판매상이 될 수도 있다. 도둑이 되어볼 수도 있고, 무명화가가 되어 그림을 그려 팔아볼 수도 있으며, 의사가 되어 외과수술을 집도해볼 수도 있다. 혹은 원한다면 상어, 염소, 바퀴벌레, 파리 아니면 다른 인간이 되어볼 수도 있다. 세계의 곳곳에서 생각지도 못한 게임들이 만들어지고, 생각지도 못하게 히트를 치기도 한다.

전략/전쟁: 전략게임은 주로 적대하는 세력과의 다툼을 다룬다.

자원을 모아 군세를 확장하고 전쟁을 벌이는 것이 일반적이지만, 다른 방식으로 적대세력을 굴복시킬 수 있도록 하는 게임도 존재한다. 이런 유형의 게임들은 크게 턴제와 실시간으로 구분된다. 턴제 전략은 시간의 제약이 없기 때문에 얼마든지 전략을 짜고 수정할 시간이 주어진다. 반면, 실시간은 전략뿐만 아니라 손놀림도 빨라야 한다. 턴제 게임 중에는 신선놀음에 도끼자루 썩는다는 속담을 몸소 체험하게 해주는 일명 '타임머신 게임'들이 많이 포진해 있다. 〈문명〉 시리즈, 〈삼국지〉 시리즈, 〈히어로즈 오브 마이트 앤 매직〉 시리즈, 〈X-COM〉 시리즈 등이 유명하다. 실시간 전략으로는 한국의 국민게임이었던 〈스타크래프트〉 시리즈, 〈워크래프트〉 시리즈, 〈토탈워〉 시리즈, 〈커맨드 앤 컨커〉 시리즈 등이 대표적이다.

⑤ 퍼즐

퍼즐은 게임의 매우 원초적인 형태다. 작동하는 하나의 메커니즘을 만들고 그것을 반복하는 것이 게임의 전부이기 때문이다. 오늘날 존재하는 수많은 퍼즐게임 중에는 핵심 메커니즘을 공유하는 게임이 매우 많다. 가장 흔한 것은 격자 모양의 판 위에서 타일을 움직여 똑같은 문양이 한 줄로 3개가 되면 없어지는 형식이다. 마작패를 쌓아 올려놓고 같은 모양의 패를 한 쌍씩 지워가는 게임이나, 윈도우의 기본게임으로 유명한 카드놀이도 많다. 이 분야의 전설인 〈테트리스〉를 변형한 게임은 헤아리기 힘들 정도다. 유명한 퍼즐게임으로는 〈캔디크러시〉 시리즈, 〈애니팡〉 시리즈, 〈뿌요뿌요〉 시리즈 등이 있다.

2) 플랫폼에 따른 구분

플랫폼이란 게임이 구동되는 기기가 무엇이냐를 의미한다. 그러므로 플랫폼은 게임의 성격 자체를 규정하지 않는다. 실제로 많은 게임들이 여러 개의 플랫폼에서 동시에 같은 게임을 출시하고 있다. 다만 일종의 비즈니스 전략으로서 특정한 플랫폼에서만 독점적으로 할 수 있는 게임들도 있다.

① 아케이드

아케이드는 게임의 장르로 얘기되기도 하지만, 엄밀히 말하면 게임센터의 게임들을 의미하는 것이다. 물론 이 경우에는 게임센터라는 장소의 특성이 게임의 성격에 어느 정도 반영된다. 간단하고 플레이 시간이 짧은 게임들이어야 더 많은 손님이 더 많은 동전을 사용할 것이기 때문이다. 아케이드 게임으로서는 최초로 선풍적인 인기를 끌었던 아타리의 〈퐁〉은 아직 게임센터가 생겨나기 이전에 발매되었기 때문에 미국 전역의 술집 등에 설치되어 그 이

전까지 대세였던 아날로그 핀볼 기계를 점차 대체했다. 한편 일본에서 아케이드 게임 붐을 일으켰던 타이토의 〈스페이스 인베이더〉의 경우 이 게임만을 들여놓은 '인베이더 하우스'들이 생겨났으며, 제작자인 니시카도 도모히로西角友宏는 회사 앞에서 동전을 수금해 오는 트럭이 동전의 무게가 너무 무거워서 차체가 내려앉은 것을 보고 성공을 실감했다고 밝힌 바 있다.[36]

② 콘솔

콘솔은 가정용 게임기를 의미한다. 최초의 콘솔이었던 마그나복스 오디세이가 1972년 출시되어 제한적인 성공을 거둔 이후 아타리, 닌텐도, 세가, 소니, 마이크로소프트 등이 가정용 게임기 시장에서 경쟁해왔다. 오늘날에는 닌텐도의 스위치, 소니의 플레이스테이션5, 마이크로소프트의 엑스박스 시리즈X/S가 가정용 게임기 시장을 주도하고 있다. 콘솔 게임의 가장 큰 특징은 게임을 위해 만들어진 기기이기 때문에 차세대 기기의 출시를 제외하면 업그레이드 같은 별도의 조치가 필요 없다는 것과 게임을 위한 전용 입력기기인 컨트롤러를 사용한다는 점이다.

---

[36]　넷플릭스 다큐멘터리 〈하이스코어〉 1화 '번영과 몰락'을 참조하라.

③ PC

초창기 컴퓨터는 업무용으로만 사용되었고, 게임용이라는 인식
은 적었다. 1977년 미국에서 애플Ⅱ가 발매된 이후 IBM 5150, 영
국의 싱클레어 ZX81, 일본의 PC-8001 등이 잇따라 출시되며 개인
용 컴퓨터라는 의미의 PC 시대가 시작되었다.[37] 초창기의 PC 게
임들은 시뮬레이션, 어드벤처, RPG와 같은 장르들이 주를 이루었
다. PC 게임의 특징은 입력장치로 전용 컨트롤러가 아닌 키보드와
마우스를 사용하는 경우가 많으며, 콘솔과 다르게 사양이 제각각
이라는 점이다.

④ 휴대용/모바일

휴대용 게임기는 콘솔이나 PC와는 달리 간편하게 가지고 다닐
수 있다는 장점이 있지만, 기기의 성능이 거치형보다는 떨어지고,
별도의 전력공급 수단이 필요하다는 점에서 간이형 게임기 정도
로 인식되는 경우가 많았다. 과거 휴대용 게임기 시장은 닌텐도의
독주체제나 마찬가지였으나, 한때 소니가 후발주자로 참가해 닌

---

[37]　윤형섭 외, 《한국 게임의 역사》, 2012, 북코리아, 네이버 지식백과 〈개인용 컴퓨터의 확산과 개인
　　　용 컴퓨터(PC) 게임의 등장〉(전홍식) 항목에서 재인용.

텐도와 양자구도를 만든 바 있다.[38] 그러나 최근 휴대용 게임기 시장은 거의 소멸되다시피 했고 특히 소니는 아예 사업을 중단했는데, 스마트폰이라는 강력한 경쟁자가 등장한 탓이다. 과거 피처폰의 시대에도 휴대폰용 게임이 일부 존재했으나, 여러 한계를 안고 있었다. 그러나 고성능 프로세서를 장착하고 빠른 속도의 데이터 통신을 할 수 있는 스마트폰의 등장은 기존의 휴대폰용 게임이 갖고 있던 한계를 깨뜨렸다. 그 때문에 대부분의 휴대용 게임 시장은 오늘날 모바일로 대체되었는데, 모바일 역시 작은 화면과 배터리 문제, 그리고 거치형 게임기보다는 낮은 성능 등으로 인해 제약을 안고 있다. 한편 2021년 7월 밸브 코퍼레이션에서는 "스팀덱Steam Deck"이라는 이름의 새로운 휴대용 게임기를 발표했는데, 휴대할 수 있는 크기의 게임기임에도 고사양의 PC 게임들을 구동할 수 있도록 만들어져 휴대용 시장에 새로운 기대를 불러일으켰다.

⑤ 스트리밍

스트리밍 게임은 아직 시험단계에 있는 플랫폼이다. 기존 플랫폼들은 필요한 기기를 가지고 있지 않으면 게임을 할 수 없었다. 그

---

38   소니는 2004년 PSP라는 고성능 휴대용 게임기를 내놓으며 비슷한 시기에 닌텐도DS를 출시한 닌텐도와 경쟁했다. 소니는 2019년 최종적으로 휴대용 게임기 사업에서 철수했다.

러나 스트리밍은 발전된 초고속 통신망을 이용해 게임을 위한 고성능의 기기를 가지고 있지 않아도 게임을 할 수 있도록 하는 서비스다. 서비스의 원리를 간단하게 요약하자면, 실제 게임을 구동시키는 것은 서비스를 제공하는 회사에 있는 고성능 기기다. 회사는 구동된 게임의 화면만을 플레이어가 원하는 기기, 예컨대 스마트폰이나 태블릿PC 등으로 전송한다. 플레이어가 전송된 화면을 보고 게임을 조작하면 이번에는 그 신호가 다시 업체로 전송되고, 업체의 기기에서 구동되는 게임에 적용된다. 이 서비스를 통해서 스마트폰이나 낡은 PC로는 구동할 수 없는 고사양의 거치형 게임들을 어디서나 플레이할 수 있게 된다. 즉 플랫폼이 없어도 원하는 게임을 즐기는 시대가 도래하는 것이다.

3) 규모에 따른 구분

규모는 게임 제작에 투입되는 인력과 자원의 양을 의미한다. 하지만 이것에 액수/인원에 따른 엄밀한 규정 같은 것이 있다고 말하기에는 애매하다. 대체로 대형 게임회사에서 개발하는 게임과 소규모의 인원 심지어는 한 명이 개발하는 게임 사이의 차이 정도를 가늠할 수 있을 뿐이다. 하지만 여타 대중예술 분야에서도 그렇듯이 더 많은 자원은 더 많은 제약을 뜻하기도 한다. 물론 자원이 없는 상태에서 게임을 개발하는 것 자체가 이미 커다란 제약임은 분명하다. 하지만 대형 게임들은 대형게임 나름대로 개발 기간, 표현의 범위와 수위, 창의적인 시도 같은 면에서 자율성을 잃기가 쉽다. 특히 오늘날에는 소규모 게임들이 과거에 비해 비교적 더 많은 기회를 갖게 됨으로써 게임계에 활력을 불어넣고 있다.

다만 게임 제작이 쉬워진 것의 부작용 역시 존재하는데, 대표적인 문제가 저질 게임의 범람이다. 제목만 다른 조악하고 비슷비슷한 게임들이 오픈마켓에 난립해 업계에 대한 불신과 소비자들의 혼란을 초래하고 있는 것이다.[39]

① 인디

오늘날 게임계에서 소규모 게임은 '인디'로 불린다. 인디는 '인디펜던트Independent'의 줄임말로 투자자나 배급사 등으로부터 (상대적으로) 자유롭다는 의미다. 음악이나 영화 등에서 사용되는 뜻과 비슷하다. 개발인력은 1인부터 작은 회사에 이르기까지 다양하고, 반드시 프로가 아니더라도 게임을 개발할 수 있다. 대부분의 경우 인디게임은 PC용이나 모바일용으로 개발되는데, 콘솔용 게임을 개발하는 데에는 여러 제약이 존재하기 때문이다. 일부 인디게임은 간편하게 게임을 만들 수 있는 소프트웨어인 일본 카도카와 사

---

39   이에 대해서는 뒤에서 이야기할 알렉스 슈워츠와 지바 스콧의 사례를 참조하라.

의 'RPG Maker'를 활용해 만들어지기도 한다. 온라인 게임 상점인 스팀이 등장한 이후 인디게임의 가장 큰 어려움 중 하나였던 판로와 홍보 문제가 상당 부분 해소되었고, 인디게임들이 본격적인 활황을 맞이했다. 일부 인디게임은 상업적으로 큰 성공을 거두며 제작자들을 부자로 만들어주기도 했다.

② AA 및 그 외 중소규모의 게임들

인디와 AAA 사이에 존재하는 게임들이다. 컴퓨터·비디오 게임의 뉴스와 리뷰를 제공하는 사이트인 IGN의 비디오 게임 사전 위키 가이드에서는 "대규모 퍼블리셔가 지원하는 독립스튜디오와 게임, 인디보다 예산이 더 크지만 AAA보다 적은 게임"[40] 으로 정의하고 있다.

③ AAA

흔히 말하는 대작게임을 일컫는 용어다. 대형 스튜디오가 개발하고 대형 퍼블리셔가 유통하는 게임들이다. 현실에 가까운 뛰어난 그래픽효과가 사용되고, 장대한 스토리와 함께 최소 50~60시

---

[40]   IGN, Video Game Dictionary Wiki Guide, AA(double-A) 항목.

간 동안 게임을 플레이할 수 있도록 설계된다. 최대한 많은 게이머를 만족시키기 위해서 여러 게임에서 다양한 요소를 따와 곳곳에 배치해두기도 한다. 소니 플레이스테이션 사업부의 전직 임원인 숀 레이든Shawn Layden은 한 컨퍼런스에서 2020년 기준 현 세대의 AAA 게임 개발비용이 8000만 달러에서 1억 5000만 달러에 이르고, 개발기간은 5년 정도가 걸린다고 밝힌 바 있다.[41]

4) 플레이어의 연결 형태에 따른 구분

과거 게임은 1인용 아니면 2인용 같은 식으로 단순한 연결 형태를 갖고 있었다. 하지만 오늘날 네트워크가 일상화되면서 게임과 플레이어를 연결하는 형태는 훨씬 더 복잡해졌다.

① 오프라인 싱글플레이

싱글플레이는 게임의 가장 고전적인 연결 형태다. 게임은 닫혀 있고 오로지 플레이어와 이미 프로그래밍된 게임 소프트웨어 간의 상호작용만이 존재한다. 하나의 게임기기로 같은 공간에 있는

[41] 「Shawn Layden: "I would welcome a return to the 12 to 15 hour AAA game"」, Matthew Handrahan, 〈gamesindustry.biz〉, 2020년 6월 23일자.
https://www.gamesindustry.biz/articles/2020-06-23-shawn-layden-gamelab

여러 사람이 플레이하는 경우도 사실상 여기에 속한다.

①-1 온라인 싱글플레이

최근 게임들의 트렌드는 혼자서 플레이를 하더라도 플레이어를 네트워크에 연결시켜 두는 것이다. 게임의 유지보수를 용이하게 하는 한편, 게임 내에서 '오늘의 목표'나 기간 한정 이벤트 등 특정한 도전과제를 달성하면 게임 외적인 보상을 줌으로써 동기부여를 하려는 것이기도 하다. 또한 게임사로서는 불법복제를 감시하고, 게이머들의 데이터를 수집하며, 추가적인 수익모델과 연계시키는 등의 목적도 가지고 있다.

② 온라인 멀티플레이

통신망을 통해 네트워크에 연결된 형태다. 과거에는 네트워크를 통해 플레이하는 게임을 위해서만 연결을 하면 되었지만, 오늘날에는 대부분의 게임이 플레이어를 온라인 상태로 만들어두려고 한다. 같은 온라인 상태라고 해도 플레이가 게임과 연결되는 방식은 차이가 있다.

②-1 다중접속 온라인^{Massively Multiplayer Online}(MMO)

흔히 이야기하는 온라인 게임이다. 하나의 가상공간을 공유하는 다수의 플레이어가 모여 게임을 플레이하는 것이다. RPG에 기반을 둔 게임이 대부분이고 이런 게임들을 MMORPG라고 부른다. 〈리니지〉나 〈월드 오브 워크래프트〉가 대표적이다.

②-2 인원제한 경쟁 + 순위 시스템

스포츠 경기처럼 제한된 인원만이 참여할 수 있는 별도의 방을 만드는 방식이다. 〈리그 오브 레전드〉나 〈오버워치〉의 경우 5 대 5로 플레이하기 때문에 한 방의 최대 인원은 10명이 된다. 〈배틀그라운드〉의 경우에는 1명, 2명, 4명 같은 방식으로 팀을 짤 수 있으며, 최대 100명이 동시에 같은 게임에서 싸우게 된다. 〈피파 온라인〉의 경우에는 경기가 1 대 1로 진행된다. 또 이런 게임들은 플레이어를 실력에 따라 '티어^{tier}'로 분류하고, 경기의 결과를 점수로 환산해 승급과 강등을 결정하는 시스템들을 포함한다.

②-3 Co-op

코옵은 온라인을 통한 협동플레이를 뜻한다. 가령 〈몬스터 헌

터: 월드〉의 경우 하나의 미션을 완수하는 데 최대 4명이 협력해 게임을 진행할 수 있다. 〈디비전 2〉의 경우 혼자서 게임을 플레이하는 도중 다른 플레이어에게 도움을 요청할 수 있으며, 구조신호는 무작위의 플레이어들에게 발신되어 다른 사람과 게임을 진행할 수 있게 된다. 과거 2인용 플레이 같은 것을 온라인을 통해 하는 것이라고 보면 된다.

5) 판매 형태에 따른 구분

과거 박스에 포장된 시디롬이나 디스켓을 구매하던 시대와 달리 오늘날 게임 판매는 다양해졌다.

① 패키지

패키지는 게임을 파는 가장 기초적인 형태로, 여느 물건을 파는 방법과 다르지 않다. 완성된 제품이 있고, 값을 지불하면 그것에 대한 온전한 소유권을 얻게 된다. 불법복제로부터 비교적 자유로운 콘솔 게임은 여전히 이런 패키지 형태의 판매가 보편적이며, PC는 스팀, 에픽스토어, GOG 등의 온라인 게임 상점들이 대두된 이후로 패키지 판매가 재활성화되었다.[42] 모바일에서도 일부 게임은 이런 패키지 형태로 판매된다. 하지만 오늘날 패키지 게임들 역시 다양한 부분유료화 비즈니스모델과 결합되기도 한다. 가령 NBA를 소재로 한 2K의 〈NBA2K〉 시리즈는 패키지 형태로 판매되지만 랜덤박스와 유료로 추가 구매할 수 있는 재화들이 게임에 포함되어 있으며, 멀티플레이뿐만 아니라 싱글플레이 때도 적용된다. 유비소프트Ubisoft의 간판작인 〈어쌔신 크리드〉 시리즈 역시 패키지 게임이지만, 싱글플레이를 더 빠르고 원활하게 할 수 있게 해주는 유료 재화를 판매한 바 있다. 블리자드의 〈오버워치〉는 패키지 형태로 판매되는 온라인 전용 게임이며 별도의 유료상품을 판매한다.

①-1 확장팩

확장팩은 추가 패키지의 형태로 발매되는 게임의 추가요소다. 패키지의 형태로 판매하지만, 본작이 없으면 플레이가 불가능하다는 점에서 온전한 패키지는 아니다. 최근 온라인을 통해 콘텐츠

---

42 PC 패키지 게임의 재활성화에는 몇 가지 환경 변화가 필요했다. 먼저 상시적인 초고속 통신망의 존재 여부다. 과거에는 통신망에 접속되어 있지 않은 컴퓨터가 많았기 때문에, 게임은 당연히 오프라인 상태에서 돌아가는 것을 전제로 만들어졌고, 복제방지 시스템 역시 마찬가지였다. 또 스팀과 같은 온라인 상점이 존재하지 않았다. 스팀은 단순히 상점의 역할만을 하는 것이 아니라, 내가 구매한 게임들을 일괄적으로 관리할 수 있는 라이브러리 기능, 게임 내 특정한 과업을 수행했을 때 그것에 대해 주어지는 업적 시스템, 게임에 대한 유저들의 다양한 평가와 토론을 편하게 볼 수 있는 커뮤니티 기능, PC 게임의 특징이라고 할 수 있는 각종 모드를 쉽게 공유하고 받을 수 있는 워크숍 기능, 스팀을 통해 친구와 소통할 수 있는 채팅 등 상점 외에도 많은 기능을 갖고 있다. 이는 개별 회사로 흩어져 있던 PC 게임을 콘솔과 유사한 하나의 생태계로 집약시키는 효과를 가져왔다고 볼 수 있다. 물론 할인도 빼놓을 수 없는 중요한 마케팅 포인트다.

를 유통하는 것이 일반화되면서 실물 패키지 형태로 판매하는 확장팩은 거의 사라졌으며, 대체로 게임 제작사나 온라인 상점에서 구매하고, 데이터를 다운로드해 설치하는 DLC^{DownLoadable Contents} 형태로 판매되고 있다.

② 월정액제

주로 MMORPG 같은 온라인 게임의 사업모델이(었)다. 게임을 이용하는 대가로 매달 정해진 액수의 이용료를 납부한다.

②-1 게임 구독

최근에 등장하기 시작한 서비스로, 월 이용료를 내면 회사의 라이브러리가 제공하는 게임들을 모두 이용할 수 있게 해주는 서비스다. 엑스박스 게임패스가 현재 가장 성공적인 모델로 평가받는다. 일종의 게임계의 넷플릭스라고 볼 수 있다.

③ Free To play(이하 F2P)

게임은 공짜로 즐길 수 있도록 해주는 대신 광고를 시청하게 하거나, 유료 재화들을 판매하는 방식으로, 오늘날 게임시장에서 가장 큰 비중을 차지한다. F2P의 사업모델은 크게 광고 수익/게임 플레이에 영향을 주지 않는 꾸미기 요소 판매/게임 플레이에 영향을 주는 유료 재화 판매로 구분되며 이것들이 섞여 있는 경우도 많다.

이와 관련해 2013년에는 흥미로우면서도 씁쓸한 실험이 있었다. 인디게임 개발자인 알렉스 슈워츠Alex Schwartz와 지바 스콧Ziba Scott은 심혈을 기울여 모바일 게임을 개발했고, 평론가들에게도 좋은 평가를 받았다. 이들은 3~4달러의 저렴한 가격으로 이 게임들을 시장에 내놓았지만 게임은 팔리지 않았다. 생활고에 시달리던 이들이 본 것은 모바일 게임 상점들을 가득 채운 싸구려 복제게임, 그 중에서도 슬롯머신 게임들이었다. 두 사람은 환멸을 느끼며 다소 악의에 찬 실험을 시작한다. 먼저, 15달러짜리 완성된 슬롯머신 게임을 사들여 제목과 이미지 효과음 같은 사소한 것들만을 바꿔서 다른 게임으로 포장했다. 그리고 이렇게 만든 100여 개의 슬롯머신 게임을 구글 플레이스토어에 올렸다. 게임은 F2P이고 오로지 인앱 광고를 통한 광고 수익만을 창출할 수 있도록 설계되었다. 그런데 2013년 크리스마스 시즌에 이들은 자신들의 쓰레기 게임들이 하루 200달러에 달하는 광고 수익을 창출하고 있음을 발견한다. 이후 이들은 자신들이 아예 관여하지 않아도 최신 검색어 트렌드를 반영해 알아서 게임을 만들고 앱스토어에 출품하는 "거위"라는 시스템을 만든다. 거위는 4년간 1500개의 비슷비슷한 슬롯머신 게임을 만들어냈고, 이 게임들은 5만 달러가 넘는 수익을 창출해냈다. 이들은 이 실험이 진입장벽이 매우 낮은 열린 생태계가 얼마나 나빠질 수 있는지를 보여준 것이라고 말했다.[43] 물론 이들의 실험과 경고 이후에도 모바일 게임에는 여전히 질 낮은 싸구려 무료게임들이 넘쳐나고 있으며, F2P는 시장 지배적인 판매 모델이 되고 있다.

④ 부분유료화

게임 내에서 사용되는 특정한 것들을 유료로 판매하는 사업모델이다. F2P게임들에서 주로 나타나지만, 최근에는 패키지 게임에서도 부분유료화 모델이 나타나고 있다. 판매하는 것은 크게 게임에 영향을 미치는 유료 재화와 꾸미기 요소로 나눌 수 있다. 꾸미기 요소는 게임 캐릭터, 장비, 유저 공간 등의 외형을 바꾸고 꾸밀 수 있는 것들을 말하며, 게임에 영향을 미치는 유료 재화는 게임 플레이에 영향을 주는 자원, 캐릭터, 장비 등을 뜻한다. 때로는 꾸미기 요소에 게임에 영향을 미치는 요소들이 혼합되어 있기도 하다. 그리고 이것들을 판매하는 방식에서 정액판매와 확률적 판매(랜덤박스/가챠)로 나뉜다. 〈리그 오브 레전드〉의 경우 게임에 영향을 주지 않는 꾸미기 요소만을 유료로 판매한다. 반면 2019년 세계 안

---

43   「How Two Developers Made A Living With Awful Games」, Ben Reeves, 〈gameinformer〉, 2019년 10월 10일자.

드로이드 마켓에서 전체 매출 1위를 달성한 엔씨소프트의 〈리니지M〉의 경우, 정액형 상품과 랜덤박스가 게임의 모든 곳에 배치되어 있다. 현재 전 세계 게임업계의 가장 핵심적인 사업모델이다.

⑤ 클라우드 펀딩/앞서 해보기

아직 미완성된 게임에 투자 혹은 구매를 하는 것으로, 주로 중소 규모 제작사들의 제작비 충당을 위해 많이 사용된다. 클라우드 펀딩은 투자에 가까운 판매 방식이며, 특정 액수 이상을 후원하거나, 특정 모금액을 달성할 때마다 정해진 리워드를 받게 된다. 많은 액수를 투자할 경우에는 투자에 따른 배당도 받는다. 앞서 해보기는 완성되지 않았으나 플레이가 가능한 수준으로 개발된 게임을 미리 구매하는 것으로, 제작사로서는 개발기간, 개발비용, 피드백을 확보할 수 있어 유용한 수단으로 사용한다. 이 분야에서 가장 유명한 사례로는 인기 SF 비행 전투 시뮬레이션 시리즈 〈윙커맨더〉의 제작자였던 크리스 로버츠Chris Roberts가 개발 중인 게임 〈스타시티즌〉으로, 2011년부터 2020년까지 클라우드 펀딩으로 3억 달러(한화 약 3337억 원) 이상을 모금했다.[44]

---

44 게임은 아직 개발 단계이며 정식 발매일은 미정이다. 현재 제한된 기능들만 구현되어 있다.

지금까지 게임을 분류하는 다양한 방식을 간략하게 살펴봤다. 그리고 각각의 게임은 이 모든 분류방식 안에서 여러 속성을 동시에 갖는다. 가령 〈배틀그라운드〉는 FPS/TPS이자, 패키지 게임(PC 및 콘솔판 기준)/F2P(모바일)이고, 게임에 영향을 주지 않는 부분유료화 모델(캐릭터 및 무기 스킨)을 채택하고 있는, 인원 제한이 있는 온라인 경쟁 게임이다. 〈캔디크러시〉는 모바일로 플레이하는 퍼즐이자 F2P게임이고, 게임에 영향을 주는 특수 아이템을 유료로 판매하는 부분유료화 정책을 채택하고 있는 온라인에 연결된 싱글플레이 게임이다. 이러한 분류의 목적은 하나의 게임이 갖고 있는 다양한 요소와 동시에 여러 게임들 간의 유사성과 차이점을 파악하는 것이다. 때론 겉으로 유사해 보이는 게임들일지라도 완전 다르기도 하며, 그 반대인 경우도 있다. 게임을 분류하고 구분하는 것이 중요한 이유는 게임에 대한 사회적 논의에서 정작 게임 그 자체는 지나치게 뭉뚱그려서 이야기되는 일이 너무 많기 때문이다. 물론 모든 사람이 각 게임의 가장 정확한 분류를 고심할 필요는 없겠지만, 최소한의 이해도 없는 무언가에 대한 이야기가 의미 있기는 어려운 법이다.

이어지는 장에서는 게임만큼이나 많은 오해와 억측 속에서 존재하는 게이머가 누구인지를 알아보려 한다.

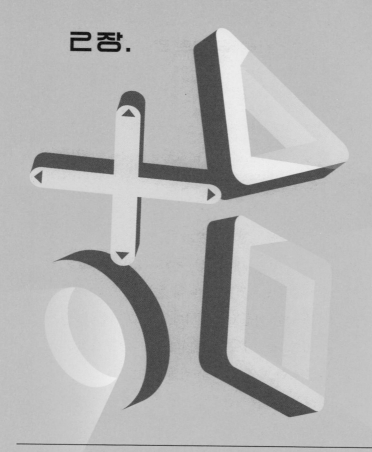

2장.

게이머는

대체

누구인가?

게임을 하는 사람들: 기본 편

　문화체육관광부에서는 정기적으로 〈국민여가활동조사〉[45]를 진행한다. 한국 사람들이 어떻게 여가생활을 보내고 있는지를 알아보기 위한 조사다. 지금까지 진행된 대부분의 조사에서 부동의 1위는 'TV 시청'이다. 2019년 보고서를 보면, 여가활동 중 TV 시청을 1순위로 꼽은 사람은 전체 조사자[46]의 43.9%에 달한다. 2위는 '인터넷 검색/1인 미디어 제작/SNS'(15.9%), 3위는 '잡담/통화하기/문자보내기'(5.3%), 4위는 '산책 및 걷기'(4.5%), 5위는 모바일 콘텐츠, 동영상, VOD시청'(3.9%)이다. 그리고 대망의 6위가 바로 '게임'(3.9%)이다. 즉 대한민국 국민의 3.9% 정도가 게임을 자신의 가장 중요한 취미로 생각하는 사람들인 것이다.

　게임하는 사람들의 특징을 살펴보자. 먼저 성별의 경우에는 남성이 여성보다 더 게임을 많이 한다. 게임을 한 번 이상 해본 사람의 수는 남성이 여성의 두 배가 조금 안 되지만, 1~5순위에서는 세 배, 1순위에서는 약 5.5배의 차이가 난다. 만족도에서도 남성의 만족도가 여성의 만족도에 비해 6.75배 더 높게 나타난다. 그러므로

45　문화체육관광부, 〈2019 국민여가활동조사〉.

46　표본 수는 1만 60개이다.

성별로 나누었을 때 남성은 여성보다 게임을 더 많이 하고, 중요하게 생각하며, 더 만족하고 있다고 볼 수 있다.

연령대를 보면 연령이 어릴수록 게임을 하는 사람의 비율이 높다. 특히 50대 이상의 고령층에서는 게임인구가 급격하게 줄어든다. 게임의 주요 소비자층이라고 볼 수 있는 것은 30대 정도까지다. 게임은 역사가 그리 오래되지 않은 취미이기 때문에, 게임이 활성화된 시기에 유년기를 보냈을 경우 나이가 들어서도 게임을 이어갈 가능성이 높다. 이를 기준으로 생각하면 한국에서는 1980년대 이후에 유·청소년기를 보낸 이들이 게임을 접해봤을 가능성이 높다.

혼인상태를 보면 게임이 명백하게 미혼자들의 취미라는 것을 알 수 있다. 게임을 즐기는 미혼자의 수가 기혼자의 수보다 월등하게 높다. 가장 극명하게 차이가 나는 것은 만족도다. 미혼자의 9.1%가 게임을 만족스러운 취미로 여기는 데 반해, 기혼자들은 0.9%만이 만족스러운 취미라고 답했다. 이는 가정에서 기혼자들이 게임을 편하게 즐길 수 있는 문화와 환경이 조성되어 있지 않을 뿐더러, 오히려 게임이 가족 안에서 불화를 일으키는 존재이기 때문일 가능성이 크다. 또 결혼을 통해 인생의 우선순위가 변하게 되는 상황도 영향을 끼칠 것으로 보인다.

소득 측면에서는 200만 원 이하의 월 소득을 올리는 이들을 제외한 나머지의 차이는 크지 않았다. 월 소득이 200만 원 이하인 이

[표 2-1] 한국 사람들의 여가생활 중 게임 관련 지표

항목		1순위	1~5순위	한 번 이상	만족도
순위(비율)		6위(3.6)	11위(15.0)	19위(32.8)	11위(3.1)
성별	남성	6.1	22.9	41.5	5.4
	여성	1.1	7.2	24.0	0.8
연령대	15~19세	11.3	48.4	75.1	14.6
	20대	9.5	34.4	64.6	8.6
	30대	5.0	22.8	46.6	3.7
	40대	2.7	11.0	29.9	1.1
	50대	0.5	4.1	17.7	0.5
	60대	0.4	2.1	9.1	0.4
	70세 이상	0.1	0.8	5.9	0.1
혼인상태	미혼	9.5	36.3	63.0	9.1
	기혼	1.5	7.3	22.3	0.9
	사별/이혼/기타	0.4	2.4	12.0	0.2
가구소득	100만원 미만	1.4	6.3	13.2	1.3
	100~200만원	1.8	5.3	15.0	1.3
	200~300만원	3.1	13.9	31.1	3.3
	300~400만원	4.5	16.4	35.8	4.2
	400~500만원	4.0	18.4	36.9	3.4
	500~600만원	4.4	19.2	38.6	3.4
	600만원 이상	3.3	13.8	35.6	2.7

자료: 문화체육관광부, 〈2019 국민여가활동조사〉 중 게임 관련 지표 편집.

들은 게임 이용률과 만족도 모두에서 매우 저조한 경향성을 보인다. 모바일 게임을 제외하면 PC나 콘솔 게임을 하는 데 기본적으로 드는 비용만도 수십~수백만 원가량이다. 모바일 게임도 최신 게임 중에는 좋은 성능을 갖춘 최신 폰이 있어야 할 수 있는 게임도

많으며, 이 역시 제대로 즐기려면 PC나 콘솔용으로 나온 게임들보다 더 많은 돈(소액결재)이 필요하기도 하다. 물론 비싼 장비나 이용료, 혹은 많은 시간이 필요한 다른 취미들에 비하면 게임은 자원이 적게 드는 취미에 속한다. 하지만 경제적 여유도, 시간적 여유도 없을 저소득층에게는 여전히 어느 정도 장벽이 존재하는 취미이기도 한 것이다.

결과를 종합해보면, 여성보다는 남성이, 중장년층보단 청년층이, 기혼보다는 미혼이 더 많이 게임을 하며, 더 만족스러워한다. 이는 기존의 게임에 대한 통념과 크게 다른 결과는 아니다. 게이머라는 집단의 코어에는 청년-남성-미혼 집단이 주를 이루고 있다. 하지만 게임을 1~5순위에 드는 취미로 삼는 인구(전체의 약 15%) 중에 30%는 여성이라는 점을 잊어선 안 된다.

게임을 하는 사람들: 심화 편

한국콘텐츠진흥원에서는 게임을 하는 사람들을 대상으로 실시하는 〈게임이용자 실태조사 보고서〉를 매년 출간하고 있다. 이 조사는 〈국민여가활동조사〉보다 작은 규모로 진행되지만, 게임이용에 초점을 맞춰서 진행되므로, 좀 더 세부적인 것들을 알 수 있다.

더불어 〈국민여가활동조사〉와 비교했을 때 제법 이런저런 차이가
나타나기도 한다. 〈국민여가활동조사〉의 경우에는 매우 많은 수
의 취미들에 대해서 물어보는 중에 게임이 포함되어 있다면, 〈게임
이용자 실태조사 보고서〉는 게임 이용과 관련된 것만 물어본다. 설
문 대상 연령층에서도 전자에는 고령층이 더 많이 포함되어 있고
특히 70세 이상(전체 표본의 11.9%)이 포함되어 있는 반면, 후자
는 65세까지로 연령을 한정하고 있다. 또 전자가 100% 대면 조사
로 이루어진 반면, 후자는 웹설문지 형식을 병행하는 등 통계적으
로 차이를 발생시킬 수 있는 여지가 많다. 가장 대표적으로 전자는
지난 1년간 한 번이라도 게임을 해본 사람의 수가 32.8%로 나타나
고 있지만, 후자의 조사에서는 비슷한 방법으로 산정한 게임 이용
률이 70.6%에 달한다. 여기서는 두 조사 사이에 일어나는 불일치
보다는 〈2020 게임이용자 실태조사 보고서〉[47]가 제공하는 상세한
정보들에 초점을 맞춰서 살펴보도록 하겠다.

　먼저 게임 이용률을 보자. 젊은 연령층, 남성이 고령층과 여성에
비해 높은 이용률을 나타내는 경향성은 여기서도 비슷하다. 10대
와 20대가 각각 91.5%, 85.1%의 높은 이용률을 보이고, 30대와 40
대의 이용률은 70%대다. 하지만 이 조사에서는 50대도 56.8%에
달하는 높은 게임 이용률을 보이며, 60~65세에서도 35%에 달한

47　한국콘텐츠진흥원, 〈2020 게임이용자 실태조사 보고서〉.

다. 한편 남성과 여성의 차이는 여가활동조사에 비해서 확연히 줄었다. 전체 남성의 이용률은 73.6%, 여성은 67.3%다. 몇 배수 정도 차이가 나던 것에 비하면 이 조사에서는 성별 간에 게임 이용률 차이가 거의 나지 않는다고 봐도 무방하다.

한편 게임을 이용한다고 답한 이들이 활용하고 있는 플랫폼을 보면 모바일 게임이 91.1%로 가장 높게 나타난다. 그다음이 PC 게임(59.1%), 콘솔 게임(20.8%), 아케이드 게임(10.0%) 순이다. 반강제적으로 스마트폰이 필수가 되어버린 상황이 게임계에 새로운 판로를 열어준 셈이다. 밖에서도, 이동하면서도 별다른 기기가 필요 없이 전화기로 쉽게 게임을 할 수 있다는 점은 PC나 콘솔에 비해서 확실한 강점이다. 물론 디스플레이의 크기나 기기의 성능 차이 때문에 할 수 있는 게임에는 제한이 있지만, 틈새시간을 활용할 수 있다는 점에서 현대인의 삶에 가장 잘 들어맞는 플랫폼이 될 수밖에 없다.

게임이용자들의 플랫폼별 이용 현황을 보면 PC와 콘솔에서는 남성이, 모바일과 아케이드, VR 등에서는 여성이 더 높은 이용률을 보이는 것을 알 수 있다. 성별 간 차이가 가장 큰 분야는 PC 게임으로, 약 28.6%p의 격차를 나타냈다. 모바일에서는 연령대와 관계없이 높은 이용률이 나타난 반면, PC와 콘솔은 연령대별 변동이 컸다.

게이밍 문화를 주도하는 것은 모바일/PC/콘솔이다. 이 중에서도 PC와 콘솔은 게임문화를 선도해왔던 이른바 '코어게이밍'의 영역에 해당한다. 아케이드는 쇠퇴하고 있고, VR은 기술적으로는 많

[표 2-2] 게임 이용 분야

구분			보기 항목(%)				
응답자 특성		사례 수(명)	모바일 게임	PC 게임	콘솔 게임	아케이드 게임	가상현실 (VR)게임
전체		(2,174)	91.1	59.1	20.8	10.0	7.7
성별	남성	(1,158)	86.6	72.4	22.3	9.1	6.4
	여성	(1,016)	96.2	43.8	19.0	11.0	9.1
연령별	10대	(345)	90.1	64.3	11.3	4.4	4.5
	20대	(446)	86.9	81.9	22.9	14.9	8.6
	30대	(397)	91.7	65.0	34.9	12.0	10.1
	40대	(490)	94.5	56.5	27.1	14.1	9.7
	50대	(376)	91.8	39.4	10.4	5.2	6.2
	60~65세	(120)	91.1	11.9	0.0	0.0	1.5

자료: 한국콘텐츠진흥원 〈2020 게임이용자 실태조사보고서〉, 52쪽.

은 발전을 이뤘지만 가정용과 아케이드용 모두에서 아직 입지가 애매하다. 지금부터는 이 세 주요 플랫폼의 이용자가 어떻게 게임을 하고 있는지 비교해보겠다.

1) 게임 시간

[표 2-3] 플랫폼별 게임 이용 빈도

구분		보기 항목(%)				
플랫폼	사례 수(명)	주 6~7일	주 4~5일	주 2~3일	월 1~4일	년 1~11회
PC	1284	22.8	16.3	36.4	18.9	5.7
모바일	1980	44.5	19.1	24.6	9.6	2.1
콘솔	452	10.2	8.2	29.4	38.0	14.3

자료: 〈2020 게임이용자 실태조사 보고서〉 관련 항목 편집.

　　먼저 각 플랫폼의 게임 이용 빈도를 살펴보자. 모든 플랫폼을 통틀어 가장 빈번하게 이용하고 있는 것은 역시 모바일 게임이었다. 모바일 게임 이용자 중 44.5%가 주에 6~7일 정도를 이용한다고 답했다. 반면 콘솔은 사례 수에서도 두 플랫폼에 비해서 매우 적었지만, 이용 빈도도 낮게 나타났는데, 이는 콘솔이 30대와 40대에서 가장 높은 이용률을 나타내는 것과 연관이 있을 것으로 보인다. 즉 사회생활 및 직업 활동이 가장 활발하고, 결혼, 출산, 육아, 가사 등이 주로 일어나는 연령대이기 때문에 경제력은 있지만 시간이 없는 것이다. 따라서 콘솔은 구매했지만 이용 빈도는 정작 낮을 것이라는 추론이 가능하다. 40대에서 모바일 게임 이용률이 가장 높게 나타나는 것 역시 비슷한 이유일 것이라고 예측할 수 있다.

[표 2-4] 플랫폼별 평균 게임 이용 시간

구분		하루 기준(분)	
플랫폼	사례 수(명)	주중	주말
PC	1284	108.3	177.3
모바일	1980	96.3	121.7
콘솔	452	60.8	110.8

자료: 〈2020 게임이용자 실태조사 보고서〉 관련 항목 편집.

　플레이 시간을 보면 PC 게이머들이 가장 긴 시간을 할애하고 있는 것으로 나타났다. 그 이유로 플레이 시간이 긴 게임들이 많고, 온라인을 기반으로 하는 게임들이 중점적으로 포진해 있다는 점을 생각해볼 수 있다. 또 PC를 가장 많이 이용하는 층이 20대라는 것도 주요할 수 있는데, 20대는 세 개의 플랫폼에서 모두 상위권에 해당하는 게임 이용 시간을 나타내고 있었다.[48]

[표 2-5] 성별 플랫폼별 게임 이용 빈도

구분			보기 항목(%)				
플랫폼	성별	사례 수(명)	주 6~7일	주 4~5일	주 2~3일	월 1~4일	년 1~11회
PC	남성	839	27.5	17.0	35.6	16.0	3.8
	여성	445	13.9	14.9	37.8	24.2	9.2
모바일	남성	1003	45.7	18.3	24.2	9.9	2.0
	여성	977	43.3	20.0	25.0	9.4	2.3
콘솔	남성	259	11.5	8.3	32.9	35.6	11.7
	여성	193	8.4	8.0	24.6	41.1	17.9

자료: 〈2020 게임이용자 실태조사 보고서〉 관련 항목 편집.

48　콘솔의 경우 주말 1회 기준을 제외한 모든 항목에서 1위, 모바일의 경우 전 항목에서 3위, PC의 경우 모든 항목에서 2위를 차지했다.

[표 2-6] 성별 플랫폼별 평균 게임 이용 시간

구분			하루 기준(분)	
플랫폼	성별	사례 수(명)	주중	주말
PC	남성	839	109.0	179.9
	여성	445	106.9	172.2
모바일	남성	1003	96.1	121.6
	여성	977	96.4	121.9
콘솔	남성	259	56.8	111.3
	여성	193	66.3	110.2

자료: 〈2020 게임이용자 실태조사 보고서〉 관련 항목 편집.

성별을 기준으로 게임의 빈도와 시간을 살펴보면, PC의 경우에는 남성 이용자가 빈도와 시간에서 모두 앞섰다. 평균 이용 시간에서는 큰 차이가 없었지만, 이용 빈도에서는 큰 차이를 보였다. 반면 모바일의 경우에는 이용 빈도에 있어서 여성과 남성의 차이가 크지 않았으며, 이용 시간 역시 거의 차이나지 않았다. 콘솔의 경우에는 이용 빈도에서는 남성이 여성보다 더 높았고, 이용 시간에서는 큰 차이가 나타나지 않았다. 전반적으로 성별에 따른 게임 이용시간의 차이는 하루에 이용하는 시간보다는 빈도의 차이로 나타났다.

2) 주로 플레이하는 장르

게이머들이 PC 게임에서 가장 많이 이용하고 있는 장르는 슈팅

[표 2-7] 플랫폼별 게임 주 이용 장르

순위	PC		모바일		콘솔	
	1순위(%)	1+2+3순위(%)	1순위(%)	1+2+3순위(%)	1순위(%)	1+2+3순위(%)
1	롤플레잉(23.3)	슈팅(41.1)	퍼즐(20.5)	퍼즐(36.9)	롤플레잉(20.6)	롤플레잉(32.1)
2	슈팅(18.7)	롤플레잉(40.1)	롤플레잉(14.9)	롤플레잉(23.3)	스포츠(14.2)	스포츠(29.0)
3	시뮬레이션(12.7)	시뮬레이션(27.2)	슈팅(10.6)	슈팅(21.0)	SRPG(12.1)	SRPG(26.9)
4	MOBA(10.5)	스포츠(21.1)	카드(9.1)	보드(20.3)	시뮬레이션(7.8)	액션(24.5)
5	스포츠(6.6)	MOBA(21.1)	시뮬레이션(8.7)	시뮬레이션(20.1)	슈팅(7.6)	레이싱(23.4)

자료: 〈2020 게임이용자 실태조사 보고서〉 관련 지표 편집.

과 RPG였다. 이 중에서도 슈팅은 FPS(1인칭 시점)나 TPS(3인칭 시점)류의 이른바 '총싸움 게임'으로 〈배틀그라운드〉〈오버워치〉〈서든어택〉 등이 이에 해당한다. 오늘날에는 콘솔이나 모바일에서도 FPS가 많이 출시되고 있지만, 자유로운 시점변환과 조준 등이 필요한 게임의 특성상 키보드와 마우스에 최적화된 장르인 것은 여전하다고 할 수 있다. RPG의 경우에는 싱글플레이용 RPG 게임들과 MMORPG류 시뮬레이션 역시 화면 곳곳에 조작해야 하는 것이 많은 경우가 대부분이기 때문에 게임패드를 사용하는 콘솔에서는 불편한 경우가 많다. 또 〈리그 오브 레전드〉〈DOTA 2〉〈블랙서바이벌: 영원회귀〉와 같은 MOBA[43] 장르 역시 게임 플레이의 특성상 PC를 중심으로 하고 있다.

모바일에서는 퍼즐이 가장 강세였다. 퍼즐은 모바일에서 플레이하기에 여러모로 잘 어울리는 특성을 갖고 있는데, 작은 화면에서도 플레이가 가능하고, 조작이 복잡하지 않으면서 한 판이 짧고, 높은 기기 성능을 요구하지 않는 경우가 대부분이기 때문이다. 또 게임성이 단순하기 때문에 게임이 익숙하지 않은 사람들도 쉽게 즐길 수 있다. 이와 비슷하게 보드나 카드 같은 정적이면서 단순하고 짧은 게임들도 다른 플랫폼들에 비해서 강세를 보였다. 슈팅의 경우 최근 스마트폰의 성능이 높아지면서 유명 PC 게임들이 모바일 이식작을 발표하는 경우가 늘어났는데, 가장 대표적이면서 가장 인기 있는 것은 〈배틀그라운드 모바일〉이다. PC에 비해 조작이 용이하지는 않지만, 모바일로도 PC와 비슷한 경험을 할 수 있다.

한편 콘솔에서는 다른 플랫폼에서도 많은 인기를 누리고 있는 RPG가 가장 인기였다. 하지만 PC, 모바일, 콘솔에서의 RPG는 서로 다른 면이 많다. 이는 앞서 얘기했듯이 오늘날 RPG 게임이 무엇인가를 정의하기가 복잡해진 사정 때문이다. 콘솔에서의 PRG는 〈더 위쳐〉 시리즈나, 〈어쌔신 크리드〉류의 RPG와 액션 어드벤처가 결합된 AAA 게임들인 경우가 많다. PC의 경우에는 이런 게임들과 함께 〈와우〉나 〈리니지〉 같은 MMORPG 게임들, 스팀 등

---

43   Multiplayer online battle arena의 약자로 AOS라고도 불린다. RPG 게임의 성장과 스킬시스템, 실시간전략게임의 자원관리 및 전투 등을 결합한 게임이다.

2장 게이머는 대체 누구인가?   95

을 통해 판매되는 전통적인 RPG의 계승작들과, 인디 규모에서 개발된 실험적 RPG 등이 존재한다. 모바일의 경우에는 MMORPG와 함께 수집형[50] RPG, 그리고 이른바 방치형 RPG 등이 주를 이룬다. 콘솔은 싱글플레이를 중심으로 라이브서비스가 결합된 형태의 게임이 많으며, 멀티플레이 모드를 지원하거나, 아주 간혹 멀티전용 게임들이 등장하기도 한다.

사실 한국의 게임시장에서 선호 장르라는 것은 특정한 게임들에 대한 선호인 경우가 많다. 한국에 이른바 붐을 일으켰던 〈스타크래프트〉와 그 이후로 발전한 PC방 문화 등의 면면을 보면 인기 있는 게임을 '같이' 플레이하는 것에 대한 선호가 강했음을 알 수 있다. 한때 '플스방'이라는 이름으로 생겨난 콘솔 게임장에서도 코나미의 축구게임인 〈위닝일레븐〉을 비롯한 특정 게임들에 대한 선호가 도드라졌다. 이는 과거 당구 같은 것으로 대표되었던 집단적 레저스포츠의 맥이 멀티플레이 게임으로 옮겨왔다고 볼 수 있을 것이다. 물론 모바일 시장의 부흥이나 스팀의 등장 이후로 그 이전에 비해서 더 다양한 게임이 소개되고 플레이되고 있기는 하다. 최근에는 이른바 '종합 게임 스트리머'들의 영향도 적지 않았다. 이들은 특정한 게임이 아니라 다양한 게임을 플레이하면서 방송을

---

50   다양한 캐릭터를 획득하고 육성하는 것이 게임의 주목적이 되는 RPG로, 일본 서브컬처의 영향을 받은 애니메이션풍의 캐릭터와 세계관을 가진 경우가 많다.

하는데, 이를 통해 게임을 간접적으로 플레이해보게 된 시청자들이 구매자로 이어지는 흐름이 강력하게 존재하고 있다.

3) 게임 구입

PC 게임의 경우 구입은 크게 타이틀의 구매와 다른 유저와의 현금거래, 게임 내 결제로 나뉜다. 1년 동안 PC 게임 이용자들의 70.1%가 게임을 구매한 경험이 있으며, 그중 84.1%는 스팀을 비롯한 온라인 상점을 통해 구매했다. 이들은 평균 3.9개의 게임을 이용하고, 그중에서 2.2개의 게임을 주로 이용하며, 한 개의 게임을 약 10.2개월 동안 플레이한다. PC 게임의 월평균 총 이용 비용은 3만 6687원이고 이 중 게임 내 결제가 차지하는 비중은 2만 6051원이다. PC게이머 중 다른 사람과 아이템 현금거래를 해본 사람은 35.8%고 거래의 73.0%는 거래 중계 사이트를 통해 이루어진다. 확률형 아이템의 경우 PC 이용자의 27.6%가 구매경험이 있다고 답했고, 월평균 구입 비용은 9만 7675원이었다.

모바일 게임의 경우 일부 유료로 판매하는 게임이 존재하지만 거의 대부분의 게임이 F2P+부분유료화로 운영된다. 모바일의 경우 게이머들은 평균 4.0개의 게임을 이용하고 그중 2.3개 게임을 주로 이용하며, 한 개의 게임을 약 23.4주 동안 플레이한다. 한 달에 사용하는 모바일 게임의 총 이용 비용은 평균 3만 1144원이고 이 중 게임 내 결제는 2만 7411원이다. 모바일 게이머 중 아이템 등을 현금거래해본 사람의 비율은 22.7%였고, 이 중 65.5%가 거래 중계사이트를 이용했다. 또 모바일 게임 이용자의 20.4%가 확률형 아이템을 이용해본 경험이 있으며, 월평균 8만 140원을 쓴 것으로 조사되었다.

콘솔의 경우에는 PC나 모바일과는 다르게 콘솔과 타이틀을 모두 사야 한다. 콘솔은 2021년 최신기종들을 기준으로 닌텐도 스위치는 36만 원, 엑스박스 시리즈X가 59만 8000원, 플레이스테이션 5 일반판이 62만 8000원이다. 한국에서는 고가의 게임기를 사는 것을 여전히 부정적으로 바라보는 경향이 있고, 콘솔 게임기 가격이 선뜻 구매하기에는 부담스러운 수준인 것도 사실이다. 콘솔과 타이틀 외에는 각 콘솔 서비스 회사들이 제공하는 유료 서비스와 일부 게임들 내의 소액결제 등으로 나뉜다. 하지만 PC나 모바일 등에서 활성화되어 있는 확률형 아이템 등이 많이 활성화되어 있지는 않은 편이다. 조사대상인 콘솔 유저들의 경우 닌텐도 스위치(41.0%), PS4(37.8%), 닌텐도 DS 시리즈(21.7%) 등의 순으로 콘솔을 보유하고 있다고 응답했다. 콘솔 게이머들은 평균 3.8개의 게임을 이용하면서 2.4개의 게임을 주로 이용하고, 하나의 타이틀을 약 6.1개월간 플레이한다. 또 콘솔을 구매하는 데 평균 26만 1674원을, 게임을 구매하는 데 12만 1364원을 평균적으로 사용했다. 게임기는 한 번 사면 계속 사용할 수 있기 때문에, 37.5%의 콘솔게이

[표 2-8] PC와 모바일 비교

	게임이용 개수(1년간)	개당 평균 이용 시간	월평균 총 이용비용	게임 내 결제 비용	확률형 아이템 이용 비율	월평균 구입비용
PC	3.9	10.2개월	36,687원	26,051원	27.6	97,675원
모바일	4.0	23.4주	31,144원	27,411원	20.4%	80,140원

자료: 〈2020 게임이용자 실태조사 보고서〉 관련 항목 편집.

머들은 근래에 게임기를 사는 데 돈을 지출한 적이 없다고 답했다.

대부분의 플랫폼에서 남성 이용자의 사용액이 여성 이용자의 사용액보다 많았다. PC의 경우에는 총 이용 비용에서 남성이 3만 7430원, 여성이 3만 5162원으로 2268원의 차이를 보였고, 확률형 아이템 이용 비용의 경우에는 남성이 10만 2636원, 여성이 8만 8628원으로 구입 비용 차이보다 큰 1만 4008원의 차이를 보였다. 모바일의 경우에는 총 이용 금액에서 남성 3만 4893원, 여성 2만 6417원으로 8476원의 차이를 보였다. 확률형 아이템의 경우에는 남성이 8만 7516원, 여성이 6만 7480원으로 2만 36원의 차이가 나타났다. PC와 모바일을 비교하면 총 금액은 PC가 더 컸고, 성별 간의 차이는 모바일이 더 컸다. 여기에 더해 PC 게이머는 확률형 아이템을 이용해본 사람의 비율이 각 성별 모두 27.6%로 동일했지만, 모바일의 경우 확률형 아이템을 이용해본 경험이 있는 남성 게이머는 25.4%였던 반면, 여성은 15.1%로 비율 차이가 있었다. 다만 이는 PC게이머의 경우 조사대상 1284명 중 여성이 446명으로 나타난 데 반해, 모바일에서는 전체 표본 수 1980명 중 977명이 여성으로 나타난 것을 감안해야 할 것이다. 또 PC의 경우 확률형 아이템이 판매되고 있는 장르들이 대세를 이루기 때문에 유저들이 이에 비슷하게 노출될 가능성이 높은 반면, 모바일은 상대적으로 다양한 장르가 강세를 이루고 있기 때문에 RPG 등을 플레이하지 않는 유저들의 경우에는 확률형 아이템을 접하지 않을 가능성이 더 커진다. 마지막으로 콘솔의 경우에는 게임기 구입 비용에서는 남성 30만 600원, 여성 26만 6966원, 타이틀 구매 비용으로는 남성 12만 8944원, 여성 11만 618원으로 금액 규모에 비해서는 큰 차이가 나타나지는 않았다.

한 달에 10만 원 이상의 확률형 아이템을 구매하는 이들의 비율은 PC의 경우 구매경험자의 37.4%, 모바일의 경우에는 23.5%였다. 물론 이 중에서 최근 'Pay to win'(돈을 많이 쓸수록 승리하기 쉽도록 설계된 게임. P2W라고도 한다) 형태의 게임들의 운영에서 매우 중요한 몫을 차지하는 소위 "고래"에 해당하는 헤비유저들은 더 소수일 것으로 보인다. 또 대부분의 구매에서 가장 많은 지출을 하고 있는 것은 30대였다.

한편 선호하는 게임 판매 방식을 물어본 문항에서는 60.5%가 게임을 무료로 제공하되 게임 내 유료결제 요소가 있는 게임을 선호한다고 답했다. 그러나 이는 게임 내 확률형 아이템 결제를 이용

[표 2-9] 선호하는 게임 판매 형식

구분		보기 항목			계
응답자 특성	사례 수(명)	게임 소프트웨어는 무료로 제공되고 게임 아이템을 유료로 판매하는 게임	게임 소프트웨어는 유료로 판매하고 게임 아이템을 유료로 판매하지 않는 게임	잘 모르겠다	
전체	(3,084)	60.5	18.7	20.8	100.0
성별 남성	(1,575)	61.8	22.0	16.1	100.0
여성	(1,509)	59.1	15.2	25.7	100.0
연령별 10대	(377)	61.4	25.5	13.1	100.0
20대	(524)	70.2	22.6	7.3	100.0
30대	(537)	66.1	21.8	12.1	100.0
40대	(639)	71.1	15.4	13.4	100.0
50대	(663)	52.8	15.4	31.8	100.0
60~65세	(344)	31.1	12.8	56.1	100.0

자료: 〈2020 게임이용자 실태조사 보고서〉, 180쪽.

하는 이들의 비율이 20%대임을 감안한다면, Pay to win이 아니라 F2P에 더 방점이 찍혀 있는 응답으로 보는 것이 맞다. 돈을 주고 게임을 구매하는 것에 부정적이거나 부담을 느끼는 이들이 많다는 것을 알 수 있다.

1990년대 말~2000년대 초반을 경유하며 정부의 주도로 광대역 통신망 인프라를 확충하고 국민PC 등을 보급하던 시절에는 '컴퓨터를 구입하면 게임은 깔아주는 것'이라는 인식이 매우 팽배했다. 실제로 국내외 PC 게임 시장이 한동안 정체되었던 이유 중에서는 불법복제가 적지 않은 몫을 차지하고 있기도 하다. 2011년 문화체육관광부의 〈콘텐츠 불법복제 감소가 국가경제에 미치는 경제적 파급효과에 관한 연구〉에 따르면 음악, 영화, 방송, 출판, 게임을 합한 합법 저작물 시장규모는 약 8조 9348억 원 정도였고, 불법복제로 인해 침해된 액수는 2조 1172억 원에 달했다. 이 중 게임시장은 총규모 8015억 원에 침해 규모는 2367억 원으로 전체 시장규모의 22.8% 수준의 피해를 받고 있었다.[51] 이런 상황은 업계로 하여금 PC-싱글패키지가 아닌 방식의 게임서비스를 강제하는 요인이 되기도 했다. 최근에는 온라인 게임 상점의 활성화, 불법복제 방지 기술의 발달, F2P 게임의 대두 등으로 과거에 비해 불법복제가 어렵거나 필요 없어졌다. 그러나 이 답변은 여전히 게임을 구매하는 것에 대한 저항감이 적지 않게 남아 있음을 시사한다.

4) 게임을 하는 이유

게임을 하는 이유를 묻는 질문에서는 PC와 콘솔이 비슷한 경향을 보인 반면, 모바일은 차이가 있었다. PC와 콘솔 유저들은 게임을 하는 이유 1위로 '스트레스를 풀기 위해서'를 꼽았다. 2위도 똑같이 '단순 재미 때문에'라고 응답했다. 3위부터는 달랐는데, PC

---

[51] 문화체육관광부, 〈콘텐츠 불법복제 감소가 국가경제에 미치는 경제적 파급효과에 관한 연구〉, 2011.

[표 2-10] PC 게임을 하는 이유

구분		사례 수(명)	보기 항목				
응답자 특성			스트레스 해소를 위해	단순 재미 때문에	시간을 때우기 위해	지인이나 친구들과 게임을 하고 싶어서 (관계 유지를 위해)	다양한 종류의 게임을 즐길 수 있어서
전체		(1,284)	56.3	43.2	35.7	24.6	20.2
성별	남성	(839)	57.1	40.9	35.7	25.4	21.3
	여성	(445)	54.7	47.6	35.7	23.1	18.3
연령별	10대	(222)	40.9	54.0	32.5	35.1	20.3
	20대	(365)	57.6	39.9	35.6	30.9	15.8
	30대	(258)	54.0	48.5	29.9	23.8	20.6
	40대	(277)	66.6	30.6	36.4	19.2	27.8
	50대	(148)	61.0	47.4	46.2	6.6	18.5
	60~65세	(14)	52.6	62.7	69.3	4.4	0.0

자료: 〈2020 게임이용자 실태조사 보고서〉, 83쪽(상위 5개만 편집).

[표 2-11] 콘솔 게임을 하는 이유

구분		사례 수(명)	보기 항목				
응답자 특성			스트레스 해소를 위해	단순 재미 때문에	다양한 종류의 게임을 즐길 수 있어서	시간을 때우기 위해	새로운 게임기에 대한 호기심때문에
전체		(452)	46.3	33.3	33.1	28.0	17.7
성별	남성	(259)	47.8	29.1	33.9	30.1	17.0
	여성	(193)	44.2	38.9	32.2	25.2	18.7
연령별	10대	(39)	32.1	51.3	29.4	15.3	21.3
	20대	(102)	38.5	35.5	36.4	24.3	24.8
	30대	(139)	44.4	32.4	37.2	29.7	17.3
	40대	(133)	53.2	29.0	30.7	26.3	15.0
	50대	(39)	63.8	27.5	22.4	50.1	6.6

자료: 〈2020 게임이용자 실태조사 보고서〉, 137쪽(상위 5개만 편집).

[표 2-12] 모바일 게임을 하는 이유

구분		보기 항목				
응답자 특성	사례 수(명)	시간을 때우기 위해	어디서든 편리하게 즐길 수 있어서	단순 재미 때문에	스트레스 해소를 위해	지인이나 친구들과 게임을 하고 싶어서 (관계 유지를 위해)
전체	(1,980)	54.6	40.5	38.0	34.4	9.1
성별 남성	(1,003)	55.6	44.1	32.9	33.1	10.0
여성	(977)	53.6	36.8	43.2	35.7	8.0
연령별 10대	(311)	39.0	36.5	45.0	26.3	22.9
20대	(388)	52.5	46.4	37.3	27.2	7.9
30대	(364)	53.6	44.0	41.0	26.2	6.2
40대	(462)	58.2	39.1	31.1	40.9	8.8
50대	(345)	63.9	36.8	38.1	45.1	3.1
60~65세	(110)	64.5	37.6	39.1	48.9	2.8

자료: 〈2020 게임이용자 실태조사 보고서〉, 119쪽.

유저들은 '시간을 때우기 위해서' '지인들과 함께 게임을 하고 싶어서' '다양한 게임을 즐길 수 있어서'라고 응답했고, 콘솔 유저들은 '다양한 게임을 즐길 수 있어서' '시간을 때우기 위해' '게임기에 대한 호기심 때문에' 순이었다.

이는 PC가 멀티플레이 게임에 여러모로 특화되어 있는 반면, 콘솔은 다양한 게임들을 경험해볼 수 있는 플랫폼으로서 선호되고 있음을 보여준다. 한국시장에서 닌텐도 콘솔들의 점유율이 높은 것과도 연관이 있을 것으로 보이는데, 플레이스테이션이나 엑스박스가 게임패드를 통한 전통적인 게이밍 방식을 중시하는 반면, 닌텐도 스위치는 모션센서와 다양한 형태의 보조컨트롤러를 활용한 게임경험들을 더 활발하게 활용하고 있기 때문이다. 가령 선풍적인 인기를 끌었던 〈링피트 어드벤처〉나 〈저스트 댄스〉[52]는 물론이고, 스위치의 론칭 타이틀이자 닌텐도의 핵심 타이틀이었던 〈마리오 오디세이〉 역시 컨트롤러를 양손에 쥐고 휘두르며 플레이하는 방식을 권장하고 있는 식이다.

'스트레스를 풀기 위해서'라는 답변은 연령이 올라갈수록 높아지는 경향성을 보이는 데 반해, '지인들과 함께 게임을 하기 위해서'라는 응답은 연령이 낮을수록 높게 나타나는 것도 흥미로운 경향이다. 또 게임 자체에 재미를 느끼는 것은 연령이 어릴수록 높아지지만, 스트레스 해소의 측면은 그 반대로 나타나는 것도 볼 수 있다. 즉 고령층일수록 사회생활의 스트레스를 풀기 위해 일종의 도피처로서 게임을 즐긴다면, 연령이 낮을수록 게임 자체에 즐거움을 느낌과 동시에 또래문화로서 친구들과 관계를 유지하기 위해 게임을 플레이하는 경향이 강하다고 볼 수 있다.

한편 모바일 게임을 즐기는 사람들은 '시간을 때우기 위해서' '어디서든 편하게 즐길 수 있어서' '단순 재미 때문에' '스트레스 해소' 순으로 응답을 했다. 이는 모바일이 스트레스를 해소시킬 수 있을 만큼의 만족스러운 게이밍 경험을 제공하고 있지는 못하지만, 언제 어디서든 플레이할 수 있다는 편의성이 모바일 게임을 하

---

52   〈저스트 댄스〉는 멀티플랫폼 게임이지만, 다른 플랫폼들은 추가적인 컨트롤러가 필요한 데 반해, 닌텐도 스위치는 기본 컨트롤러인 조이콘만으로도 플레이할 수 있다.

는 데 큰 영향을 미치는 것으로 볼 수 있다. PC와 콘솔이 취미로서의 게임의 성격을 강하게 갖고 있다면, 모바일은 심심함을 달래주는 수단으로서의 게임의 성격을 더 강하게 갖고 있는 것이다.

게이머들은 무엇을 하는가?

게이머는 게임을 하는 사람이다. 하지만 게임만 하는 사람은 아니다. 게임이 과거에 비해 문화적으로 훨씬 더 중요한 위상을 갖게 된 오늘날에는 게임으로부터 파생된 수많은 것들이 결합되어 게임문화를 만들어낸다.

1) 게임하기

게이머는 게임을 한다. 하지만 위에서 살펴봤던 대로, 게임을 한다는 말만 가지고서는 그가 어떤 게이머인지 모두 알 수 없다. 누군가는 심심풀이나 시간 때우기로 게임을 하지만, 누군가는 적지 않은 돈과 시간을 들여서 본격적으로 게임을 한다. 2016년 한 조사에 따르면 모바일 게임 유저 중 결제를 하는 사람의 비율은 4.7%였는데, 이 중 한 달에 100만 원 이상 결제하는 사람의 비율은 3.2%(전체 유저의 0.15%)였다. 그런데 이 100만 원 이상 결제자들이 게임 전체 매출의 41%를 책임지고 있었다.[53] 이 수치는 모든 게임에서 똑같지 않을 테지만, 누군가는 좀 더 심각하게 게임을 하고 있음을 보여준다.

게다가 한때 온라인 게임을 통해 돈을 벌었다는 사례들이 속출한 적도 있었지만, 모바일의 시대로 넘어온 이후 돈을 벌 수 있는 구조와 기회는 과거에 비해서 확연히 줄었다. 게임사들은 유저 간 거래를 경매장 등의 도입을 통해 게임 내에서 일어나도록 유도하는 한편, 유저 간 거래의 비중 자체를 현저하게 줄이고, 게임사가 유저에게 직접 아이템을 판매하는 방식의 비즈니스 모델을 강화해왔다. 이는 게임 내에서 발생한 부가 온전히 게임사의 이익이 되도록 하려는 의도다. 그러니 게임에 억대의 돈을 쏟아 부었다는 사람들의 동인이 더 이상 그것으로 더 큰돈을 버는 것도 아닌 셈이다.

모든 취미는 궁극적으로 시간을 어떻게 보낼 것인가의 문제다. 인간의 삶은 유한하고 시간은 언제나 모자란 것 같지만, 그것을 어떻게든 흘려보내고 때워야 할 때가 반드시 있기 때문이다. 이런 관점에서 보면 게임을 '시간낭비'라고 말하는 것은 가장 의미 없는 비난이다. 게임은 첨단 기술을 이용해 효율적으로 시간을 낭비할 수 있도록 고안된 것이다. 사람들은 심심해서, 시간을 때우고 싶어

53 「모바일 게임, 0.15%의 고래가 전체 매출의 41% 차지」, 이현수 기자, 〈인벤〉, 2016년 9월 12일자.

서, 스트레스를 풀기 위해서, 경쟁에서 이기기 위해서, 남들 위에 군림하기 위해서, 친구들과 관계를 유지하고 싶어서, 게임 그 자체가 너무나도 즐거워서 게임을 한다.

2) 커뮤니티 활동하기

혼자서 게임을 열심히 하는 사람은 자신과 주변 사람 정도에게나 영향을 미치겠지만, 그들이 사회 속에서 자신이 게이머임을 인지하고 게이머로서 말하기 위해서는 다른 게이머들이 필요하다. PC통신 이후 발달하기 시작한 게이머들의 커뮤니티는 정보교환, 학습, 토론, 친목과 적대를 통해 게임을 좋아하는 사람을 '게이머'로 만들었다.

① 게임에 대한 정보와 공략

게임 커뮤니티의 가장 기초적이고 핵심적인 기능은 게임에 대한 정보와 공략을 나누는 것이다. 이는 특정 게임이 될 수도 있고, 게임들일 수도 있다. 어떤 게임이 존재하고 있다는 정보에서부터, 어떻게 얻을 수 있는지, 어떻게 플레이해야 하는지 등을 이야기하는 것이 게임 커뮤니티가 생겨난 이유였다. PC통신이나 인터넷 같은 직접적인 네트워크가 생겨나기 이전에 이런 역할을 담당했던 것은 게임잡지이거나, 광고, 게임회사에서 게임에 동봉해주는 공략집 같은 것들이었다. 오늘날에는 다양한 단위들이 수많은 게임에 대한 커뮤니티를 만들고 정보를 공유한다. 인기 게임의 경우 이런 커뮤니티 사이트가 경쟁적으로 생겨나기도 한다. 또 유튜브 등에서 게임에 대한 공략과 팁, 정보를 전문으로 생산하는 사람도 많다.

> ② 게임에 대한 비평과 평가

　모든 취미를 논하는 곳에서 빠질 수 없는 것이 무엇이 최고인지를 두고 벌이는 싸움이다. 사실 게임은 제대로 알게 되기까지 제법 많은 시간이 드는 매체이기에 음식이나 영화처럼 비교적 짧은 시간이 걸리는 것들에 비해서는 제대로 된 논의가 쉽지 않다. 그럼에도 많은 게임 커뮤니티에서는 게임에 대한 비평과 평가가 일상적으로 벌어진다. 어떤 것이 최고의 게임이냐를 두고 벌어지는 논쟁에서부터, 비슷한 장르의 게임들 간의 비교, 하나의 게임 안에 존재하는 여러 요소 간의 비교 등등 크거나 작은 것들을 둔 갑론을박이 이루어진다. 최근에는 수많은 게임 비평지의 평점을 모아서 평균으로 보여주는 평점 종합 사이트들이 존재해 소위 '갓겜[54]'은 어느 정도 정리가 되었지만, 취향을 극단적으로 타게 되는 매체의 특성

54　신을 뜻하는 영어 'god'과 게임을 합한 말로, 훌륭한 게임이라는 뜻.

상 아무리 메타의 메타라고 해도 논란을 종식시킬 가능성은 희박하다.

③ 게임과 연관된/상관없는 취미와 관련된 활동

커뮤니티가 커지고 사람이 늘어날수록 다른 이야기를 하는 사람들이 생겨난다. 그런 사람들이 특정 수준 이상으로 늘어나면 그들을 위한 새로운 게시판이 마련된다. 한국의 대표적인 게임 커뮤니티라고 할 수 있는 루리웹, 인벤 등에서는 게임과 관련된 혹은 상관없는 수많은 주제를 다루고 있다. 여기에는 애니메이션, 피규어, 프라모델, 여행, 요리, 자동차 등 인접해 있거나 상대적으로 관계없는 취미들에 대한 게시판도 성행 중이다. 반대로 어느 정도 수준 이상의 대형 커뮤니티들에서는 게임과 상관없이 개설되었더라도 게임에 대해 다루는 게시판들이 생겨난다. 결국 한국의 대형 커뮤니티들은 모두 게임에 대해 이야기하고 있는 셈이다.

④ 유머/이슈 등에 대한 공유와 커뮤니티 활동

특정 규모 이상 커진 커뮤니티는 대부분 '종합커뮤니티'의 모습을 띤다. 거대 게임 커뮤니티들도 다르지 않아서, 어느 순간부터는 게임에 대한 이야기를 하지 않아도 하루 종일 커뮤니티에서 놀 수도 있다. 대부분의 대형 커뮤니티에서는 매일매일 인터넷 곳곳에서 등장하는 새로운 이슈와 유머, 밈[55]들이 빠른 속도로 전달된다. 유머게시판이나 자유게시판처럼 특정한 용도가 정해지지 않은 게시판들이 이런 용도로 쓰일 가능성이 높아진다. 이런 식의 커뮤니티 활동은 커뮤니티 자체에 대한 충성도 높은 유저들을 만들어내고, 이들을 중심으로 커뮤니티의 내/외부를 향한 집단행동들이 일어날 가능성도 높아진다.

3) e스포츠 관전

최초의 e스포츠는 한국에서 시작되지 않았지만, 한국이 e스포츠의 강국인 것은 분명하다. 한국에서 e스포츠 붐을 일으킨 것은 1990년대 말에 등장한 〈스타크래프트〉와 PC방이었다. 지역의 유명 PC방의 고수들이 지역 내에서 대결을 펼치고 그것이 전국 단위로 이루어진 것이 한국 e스포츠의 시초였다. 오늘날 e스포츠는 아시안게임의 종목으로 채택되는 등 세계적으로 거대한 인기를 끌고 있다. 매년 거대한 스타디움에서 열리는 〈리그 오브 레전드〉의 결

---

55   밈meme은 진화생물학자인 리처드 도킨스Richard Dawkins가 고안한 개념으로, 문화의 발생과 전파를 유전학적 관점에서 설명하려는 시도였다. 즉 유전자가 자신을 더 널리 퍼트리고 보전하고자 하듯이 문화도 마찬가지 속성을 갖고 있다는 것이다. 하지만 오늘날 밈은 인터넷을 떠도는 유행들을 의미하는 단어로 쓰인다. 이 유행들은 이미지, 동영상, 텍스트 등으로 존재하는데, 때로는 현실과 온라인에서 벌어진 사건들을 배경으로 하지만, 기원이 불분명한 것도 많다.

승전(일명 롤드컵)은 수만의 관중을 동원하는 것은 물론 전 세계적으로 수천만이 함께 시청하는 이벤트가 되었다. 물론 이런 거대한 규모의 경기들만 존재하는 것은 아니다. 온라인과 오프라인에서 수많은 게임이 열려 크고 작은 경기들이 벌어진다. 그러니 이것을 어엿한 스포츠가 아니라고 부를 이유도 없으며, 스포츠에 열광하듯 이것에 열광하는 이들이 있다는 것 역시 전혀 이상할 일은 없다.

4) 게임방송 보기

인터넷방송 사이트 아프리카TV에서 시작해 유튜브, 트위치 등으로 뻗어나간 게임방송은 2018년 기준으로 8.5억 명이 시청[56]하고 있다. e스포츠의 온라인 중계, 개인방송의 스트리밍, 게임에 대한 팁, 정보, 플레이 영상 등이 게임방송에 해당한다. 게임 공략이나 정보성 영상의 경우 게임 커뮤니티의 기본적인 역할과 비슷하다. 스트리밍의 경우 소수의 게임을 집중적으로 플레이하는 사람과 여러 게임을 돌아가면서 플레이하는 사람으로 크게 나뉜다. 유명 스트리머는 연예인 못지않은 인기를 누리고, 실시간 방송의 '도네이션'과 유튜브 채널의 조회수에 따른 광고 수익, 광고나 협찬

---

[56]　이선희, 〈게임 관련 온라인 개인 방송 시장 동향과 트위치〈Twitch〉 사업자 전략〉, 《정보통신방송 정책》 제31권 7호 통권 690호, 한국정보통신정책연구원, 2019년 7월 16일. 데이터는 2018년 기준.

등으로 수익을 얻는다. 꼭 게임을 잘해야만 인기 스트리머가 되는 것은 아니다. 언변이 좋거나 외모가 수려하거나 잘 웃기는 스트리머들도 있다. 게임으로 시작했더라도 방송 경력이 길고 많은 시청자를 확보한 이들의 방송은 먹방, 토크, 시청자 이벤트, 유행 중인 것 따라 하기 등 종합버라이어티 방송이 되는 게 일반적이다. 실시간 개인방송은 편집도 없고 작가나 PD 등이 함께하는 것이 아닌 경우가 대부분이기 때문에, 기존의 방송 콘텐츠 같은 퀄리티를 기대할 수는 없다. 하지만 실시간으로 스트리머와 소통을 할 수 있고, 일주일에 3~6일 정도의 방송이 매번 꽤 긴 시간 동안 진행되기 때문에, 방송을 본다기보다는 '함께 논다'는 감각에 더 가깝다. 그리고 당연하지만 그저 멀리서 우러러보는 사람보다는 함께 노는 사람을 더 친근하게 느끼고 좋아하게 되기 마련이다. 오늘날 인기 스트리머의 세계는 게임업계의 측면에서도 나날이 중요성이 커가는 일종의 온라인 연예계라고 해도 과언이 아닐 것이다. 오히려 기존 연예인들이 온라인 세계로 진입하려고 노력하는 실정이다.

5) 게임 캐릭터 '덕질'하기

많은 게이머가 추상적인 그래픽보다는 캐릭터를 등장시키는 게임을 선호한다. 캐릭터는 서사를 만들 때 필수적으로 필요하기도 하지만, 그 자체로 게임의 인기를 좌우할 수도 있는 중요한 요소다.

실제로 많은 캐릭터가 게임 내외적으로 대단한 인기몰이를 했다. 그리고 이른바 게임 캐릭터를 본격적으로 '덕질'하는 이들도 적지 않다. 본작을 열심히 플레이하는 것부터, 관련된 캐릭터 상품을 구매하고, 이벤트에 참여하고, 2차 창작을 생산/소비한다. 이런 경향성은 일본을 중심으로 하는 동아시아에서 더 발달되어 있으며, 특히 일본은 이런 종류의 흐름을 시장으로 편입시켜 상품화하는 산업과 문화가 가장 발달해 있다.

6) 모드/게임 만들기

게임을 하다 게임을 고치거나 만드는 일에 흥미를 가지게 되는 것은 이상한 일이 아니다. PC 게임에서는 옛날부터 모드^{MOD}라는 것이 성행했는데, 기존의 게임에 변형을 가해서 무언가를 고치거나, 추가하거나, 때로는 아예 새로운 게임으로 탈바꿈시키는 것이다. 대체로 아마추어들이 뛰어들지만 종종 프로들도 모드개발에 참여한다. 오늘날 전 세계에서 가장 인기 있는 게임 중 하나인 〈리그 오브 레전드〉도 블리자드 사가 만든 〈워크래프트 3〉의 모드로부터 시작했다. 물론 그저 게임의 즐거움을 높여주는 모드도 많다. 다른 게임이나 작품에 등장하는 캐릭터의 외형을 게임 속에서 구현하거나, 모국어로 출시되지 않은 게임을 번역하거나, 게임에서 불만족스러운 요소를 고치거나 하는 식이다.

한편 아예 게임을 만드는 이들도 있다. 물론 게임을 만드는 것은 시간이 지날수록 더욱더 고도의 기술력과 자본, 인력이 필요한 일이 되어가고 있지만, 반드시 그렇게 돈을 쏟아 부은 게임만 성공한다는 보장도 없다. 온라인 게임 상점이 게임 판매의 중심이 된 이후에는 입소문이나 커뮤니티의 반응 등을 통해 급격하게 인기를 얻게 된 1인 혹은 소규모 인원이 개발한 인디게임들이 많으며, 이들이 이런 성공들을 기반으로 게임회사를 설립하거나 프로 개발자가 되는 일도 적지 않다.

이제 한국사회에서 게이머를 소수라고 칭하는 것은 여러모로 멋쩍은 일이다. 그리고 게이머라는 말만으로는 그가 어떤 사람인지 알기도 어렵다. 결국 어떤 게임을 어떻게 즐기고 있는지를 알아야 우리는 그가 어떤 게이머인지 알 수 있을 것이다. 그러나 그것이 또 그가 어떤 사람인지를 말해주는 것은 딱히 아니다.

여전히 젊은 남성이 가장 많지만 여성도, 중장년도 적지 않다. 이 조사에서는 등장하지 않았지만, 게이머는 장애인, 혼혈인, 성소수자, 이주노동자, 빈곤층일 수도 있다. 게임을 하면서 호구조사를 할 일은 거의 없겠지만, 중요한 것은 게이머가 어떤 사람일 거라고 쉽게 넘겨짚지 않는 것이다. 오늘날 게이머는 그야말로 '아무나'이기 때문이다.

3장.

바야흐로

게임-산업

게임, 산업이 되다

플레이를 위해 만들어진 최초의 게임이었던 〈테니스 포 투〉이후, 1962년에는 두 MIT 재학생에 의해 〈스페이스워!〉라는 게임이 등장한다. 우주전쟁을 모티브로 삼은 이 게임은 제작 후 코드가 오픈 소스로 공개되었는데, 이를 바탕으로 게임을 더 흥미롭게 만드는 이런저런 조정이 이루어졌다. 그러나 이 당시만 해도 컴퓨터는 아주 비싸고 소수에게만 허락된 물건이었기 때문에 대중적으로 보급되기는 어려웠다.

이후 컴퓨터 기술이 발전해 컴퓨터의 생산단가가 낮아짐에 따라 게임의 산업적 가능성에 주목한 시도들이 이어졌다. 그중 당시 보급되던 TV를 활용하는 방법이 고안되었는데, 군수업체에서 일하던 독일 태생의 미국인 발명가 랠프 헨리 베어Ralph Henry Baer가 자신의 연구를 바탕으로 '브라운박스'를 개발했고, 이를 텔레비전 회사 마그나복스와 계약해 1972년 세계 최초의 가정용 콘솔 게임기인 '마그나복스 오디세이'를 선보였다. 이 게임기는 소리가 나지 않았고 화면에는 움직이는 3개의 네모난 점만이 존재했다. 그래픽 대신에 텔레비전 화면에 부착하는 그림(예를 들면 테니스 코트 모양)이 인쇄된 셀로판지 같은 것을 제공했고, 셀로판지를 바꿔 붙이는 것으로 게임을 바꿨다. 또한 (램 메모리카드와 비슷한 모양의)

게임 카트리지를 바꿔 끼우면 다른 게임을 할 수 있었지만, 3개의 점이 움직이는 방식만 조금씩 바뀔 뿐이었다.

본격적인 게임 산업의 서막을 알린 것은 같은 해에 등장한 최초의 아케이드 게임인 〈퐁〉이었다. 〈퐁〉은 마그나복스 오디세이의 게임 중 하나인 〈핑퐁〉에서 영감을 받은 탁구게임이다. 플레이어는 화면 왼쪽과 오른쪽 끝부분에 있는 막대기를 위아래로 움직여 양쪽을 정신없이 튕겨 다니는 점 모양의 공을 쳐내야 한다. 만약 쳐내는 데 실패하고 공이 내 뒤쪽으로 빠져나가면 상대방에게 점수를 주었다. 〈퐁〉은 게임의 승패를 플레이어들이 직접 가리게 둔 것이 아니라, 게임이 직접 심판이 되어주었다. 그리고 이것은 비디오 게임에 진짜 스포츠만큼의 경쟁심과 투지를 불어넣기에 충분했다.

최초의 〈퐁〉은 미국의 선술집들에 설치되었으며, 동전을 넣고 플레이하는 아케이드 방식이었다. 〈퐁〉이 출시된 당시에는 아직 게임센터나 오락실 같은 것이 존재하지 않았다. 또 선술집들에도 아날로그 게임기라고 할 수 있는 '핀볼'이 대세였다. 그러나 〈퐁〉의 성공 이후 〈퐁〉과 유사한 게임기들을 만드는 회사가 늘어났고, 이는 게임의 본격적인 산업화로 이어졌다. 게임 센터들이 생기고, 가정에는 〈퐁〉의 성공에서 여세를 몰아 설립된 아타리 사의 게임기인 ATARI 2600이 보급되기 시작했다. 일본에서는 타이토의 1978년작 아케이드 게임 〈스페이스 인베이더〉가 일본사회에서 신드롬을 일으켰고, 아타리용으로 이식되며 미국에서도 인기를 이어갔다.

이후 닌텐도, 세가, 소니, 마이크로소프트 같은 기업들이 게임기 시장을 두고 치열한 경쟁을 이어갔다. 또 PC가 더 발전된 성능과 떨어진 가격으로 인해 새로운 게임 시장을 열었다. 그 결과 오늘날 게임은 전 세계에서 가장 유력한 엔터테인먼트 산업 중 하나가 되었다.

게임시장: 세계 편

여론조사 기관 닐슨 컴퍼니의 슈퍼데이터에 따르면 2020년 기준 전 세계 게임시장의 규모는 전년 대비 12% 성장한 약 1266억 달러에 달한다.[57] 이는 원화로 약 142조 4071억 원에 해당하는 돈이다.[58] 이를 플랫폼별로 나누면 모바일이 738억 달러, PC가 331억 달러, 콘솔이 197억 달러다.

2020년 전체 게임 매출의 78%(984억 달러)는 F2P게임에서 나왔고 그중 59%(580억 달러)가 아시아에서 올린 매출이었다. 플랫

[57] 〈2020 YEAR IN REVIEW-DIGITAL GAMES AND INTERACTIVE MEDIA〉, SUPER DATA, A NIELSEN COMPANY, 2021.
[58] 2021년 5월 6일 환율 기준.

폼별로는 모바일이 738억 달러로 가장 많았고, PC가 227억 달러, 콘솔이 18억 달러 순이었다.

F2P 매출 순위 상위 10개의 게임들을 보면 중국의 초거대 IT 기업인 텐센트[59]가 유통하거나, 혹은 텐센트가 지분을 소유하고 있는 회사들의 게임이 3개나 포진해 있다. 1위인 〈Honor of Kings〉(왕자영요王者荣耀)와 2위인 〈Peacekeeper Elite〉(화평정영和平精英)는 모두 텐센트에서 유통하고 있으며, 각각 24억 5000만 달러와 23억 2000만 달러의 매출을 올렸다. 6위를 차지한 〈리그 오브 레전드〉 역시 2015년 텐센트가 라이엇게임즈를 인수했기 때문에 텐센트의 게임이라고 볼 수 있다. 또 한국의 게임회사인 네오플이 개발한 〈던전 앤 파이터〉 역시 한국에서는 넥슨이 서비스하고 있지만 매출의 대부분을 중국 시장에 의존하고 있으며, 이 역시 텐센트가 서비스하고 있다.

3위를 차지한 〈로블록스Roblox〉역시 텐센트에 속하지는 않았지만, 2019년 텐센트와 합작회사를 설립하는 등 긴밀하게 연결되어 있기는 마찬가지다. 〈로블록스〉는 샌드박스 게임[60]으로, 이용자

---

[59] 텐센트는 2021년 4월 기준 시가총액 855조 8044억 원에 달하는 그야말로 공룡기업으로, 이는 전 세계 모든 기업 중 7위에 해당하는 규모다.

[60] 2021년에 진행된 에픽과 애플의 소송 도중에 로블록스는 자신들에 제공하는 서비스가 게임이 아니라고 주장했다. 이후로 로블록스는 게임을 발견이나 경험으로, 플레이어를 피플로 수정하는 등 로블록스가 게임이 아니라는 입장을 공식화했다. 이는 소송과 관계된 법률적인 문제 때문인 것으로 풀이되고 있다. 「로블록스가 '게임' 지우기에 나섰다」, 김미희 기자, 〈게임메카〉, 2021년 5월 18일자.

[표 3-1] Top 10 free-to-play titles, 2020

순위	게임명	판매사	장르	매출
1	Honor of Kings	Tencent	MOBA	$2.45B
2	Peacekeeper Elite	Tencent	Shooter	$2.32B
3	Roblox	Roblox Corporation	Simulation	$2.29B
4	Free Fire	Garena	Shooter	$2.13B
5	Pokémon GO	Niantic, Inc.	Action-adventure	$1.92B
6	League of Legends	Riot Games, Tencent	MOBA	$1.75B
7	Candy Crush Saga	King, Activision Blizzard	Puzzle	$1.66B
8	AFK Arena	Lilith Games	Strategy	$1.45B
9	Gardenscapes-New Acres	Playrix Games	Puzzle	$1.43B
10	Dungeon Fighter Online	Nexon	RPG	$1.41B

자료: 〈2020 YEAR IN REVIEW-DIGITAL GAMES AND INTERACTIVE MEDIA〉, SUPER DATA, A NIELSEN COMPANY, 2021, 12쪽.

들은 제작사에서 제공하는 로블록스 스튜디오를 통해 게임을 만들 수 있고, 다른 사람들이 만들어낸 게임들을 플레이할 수도 있다. 1~10위 게임 중 모바일이 아닌 게임은 6위인 〈리그 오브 레전드〉와 10위인 〈던전 앤 파이터〉뿐이고, 게임들이 인기를 얻고 있는 지역 역시 중국이나 아시아권인 경우가 대부분이다.

과거에는 그냥 게임이라고 불렸지만 지금은 프리미엄 게임이라고 불리는 패키지 형태의 게임들은 2020년 245억 달러의 매출을 올렸다. 이는 F2P 게임들이 올린 매출의 1/4에 해당하는 수준이다. 콘솔 게임이 178억 달러, PC 게임이 67억 달러의 매출을 올렸고, 모바일에서는 미미했다.

매출 순위 상위 10위 F2P게임의 절반가량이 아시아(중국, 싱가포

[표 3-2] Top 10 premium titles, 2020

[표 3-2] Top 10 premium titles, 2020

순위	게임명	판매사	장르	매출
1	Call of Duty: Modern Walfare	Activision Blizzard	Shooter	$1,913M
2	FIFA 2020	Electronic Arts, Inc.	Sports	$1,083M
3	Grand Theft Auto V	Take Two Interactive Software, Inc.	Action-adventure	$911M
4	NBA 2K21	Take Two Interactive Software, Inc.	Sports	$889M
5	NBA 2K20	Take Two Interactive Software, Inc.	Sports	$771M
6	Call of Duty: Black Ops Cold War	Activision Blizzard	Shooter	$678M
7	Animal Crossing: New Horizons	Nintendo	Simulation	$654M
8	Cyberpunk 2077	CD Projekt	RPG	$609M
9	Sims 4	Electronic Arts, Inc.	Simulation	$462M
10	DOOM Eternal	Bethesda Softworks	Shooter	$454M

자료: 〈2020 YEAR IN REVIEW-DIGITAL GAMES AND INTERACTIVE MEDIA〉, SUPER DATA, A NIELSEN COMPANY, 2021, 14쪽.

르, 한국)에서 만들어진 것에 반해, 프리미엄 게임에서는 7위를 차지한 닌텐도의 〈모여봐요 동물의 숲〉을 제외한 모든 게임이 북미와 유럽의 스튜디오에서 만들어졌다. 액티비전블리자드의 FPS게임인 〈콜 오브 듀티〉 시리즈가 각각 1위와 6위를 차지했고, 스포츠 게임인 〈피파 20〉〈NBA 2K21〉〈NBA 2K20〉이 각각 2, 4, 5위를 차지했다. 전 세계 게이머에게 큰 기대를 받았지만 출시와 동시에 거대한 실망을 안겨주었던 CDPR의 〈사이버펑크 2077〉은 비난의 물결 속에서도 8위를 차지했다. 2013년에 출시한 게임인 〈GTA 5〉가 2020년에도 3위라는 놀라운 실적을 기록한 것도 주목할 만한 일이다.

흥미로운 것은 F2P와 프리미엄 매출 10위권에 올라온 게임 거의 대다수가 부분유료화 모델을 채택하고 있다는 것이다. 특히 스포츠 게임의 경우에는 선수카드를 랜덤박스로 얻어서 나만의 팀을 구성하는 모드가 주요한 수익원이라고 할 정도로 활성화되어 있으며, 〈콜 오브 듀티〉와 〈GTA〉 역시 온라인 모드에서는 유료 재화를 판매하고 있다. 실제로 EA는 2021년 회계연도간 매출 및 기타실적 공개에서 회사가 1년간 벌어들인 61억 9000만 달러(약 6조 9928억 원) 중에서 74%를 DLC, 소액결제 등의 부분유료화로 벌어들였다고 밝혔다.[61] 총 20개 게임 중 부분유료화가 없는 게임은 〈모여봐요 동물의 숲〉〈사이버펑크 2077〉〈심즈 4〉〈둠 이터널〉 정도뿐이다.[62]

게임시장: 한국 편

〈2020 대한민국 게임백서〉[63]에 의하면 2019년 한국 게임시장 규모는 전년대비 9.0% 성장한 15조 5750억이었다. 플랫폼별로는

---

[61] 「디지털 매출이 무려 74%…EA가 색다른 성적표를 받았다」, 정혁진 기자, 〈TIG〉, 2021년 5월 13일자.
[62] 하지만 〈모여봐요 동물의 숲〉의 경우 아미보 카드라는 별매품을 통해야만 얻을 수 있는 게임 내 오브젝트들이 존재하고, 〈심즈〉 시리즈는 수많은 확장팩들이 존재한다.
[63] 이하 같은 글.

[표 3-3] 국내 게임 시장의 규모와 전망(2018~2022년)

구분	2018년		2019년		2020년(E)		2021년(E)		2022년(E)	
	매출액	성장률	매출액	성장률	매출액	성장률	매출액	성장률	매출액	성장률
PC 게임	50,236	10.6	48,058	−4.3	48,779	1.5	48,827	0.1	49,306	1.0
모바일 게임	66,558	7.2	77,399	16.3	93,926	21.4	100,181	6.7	110,024	9.8
콘솔 게임	5,285	41.5	6,946	31.4	8,676	24.9	12,037	96.2	13,541	12.5
아케이드 게임	1,854	3.1	2,236	20.6	766	−65.7	1,503	96.2	2,382	58.5
PC방	18,283	3.9	20,409	11.6	17,641	-13.6	19,605	11.1	23,146	18.1
아케이드 게임장	686	−12.0	703	2.4	303	-56.9	532	75.4	726	36.6
합계	142,902	8.7	155,750	9.0	170,093	9.2	182,683	7.4	199,125	9.0

자료: 〈2020 대한민국 게임백서〉, 23쪽. *2020년부터는 추정치

PC 4조 8058억 원, 모바일 7조 7399억 원, 콘솔 6946억 원, PC방 2조 409억 원가량의 매출을 기록했고, 아케이드 게임은 2236억, 아케이드 게임장이 703억이었다. 또 1년간 66억 5778만 달러(약 7조 7606억 원)의 수출액과 2억 9813억 달러(약 3475억 원)의 수입액이 집계되어 수출액이 수입액보다 월등히 높은 경향성을 보여주었다.

한국의 게임 산업은 2013년을 제외하고는 2010년 이후로 매년 성장세를 보이고 있다. 특히 2011년(18.5%p)과 2017년(20.6%p)에 가장 가파른 성장세를 나타냈다. 그 결과 2010년 7조 4312억 원이었던 게임시장은 2019년에는 2배가 넘는 규모가 되었다.

한국 게임시장의 분야별 비중을 보면 PC 게임이 전체의 30.9%, 모바일 게임이 49.7%, 콘솔 게임이 4.5%를 차지하고 있다. 게임

의 제작 및 배급이 전체의 86.4%, PC방이나 아케이드 게임장 운영 등의 유통업이 13.6%다. 분야별로 보면 2018년에 비해 PC는 -4.3%p, 모바일은 16.3%p, 콘솔은 31.4%p, PC방 11.6%p의 성장률을 각각 보이고 있다. 콘솔은 성장세가 가장 두드러지지만, 규모 면에서는 여전히 작다.

한국의 게임시장 규모는 세계 게임시장의 6.2% 수준이며, 국가별로는 미국, 중국, 일본, 영국에 이어 5위를 기록하고 있다.[64] 한국 게임의 국가별 수출 비중은 중국(40.6%), 대만/홍콩(14.5%), 일본(10.3%), 동남아시아(11.2%), 북미(9.1%), 유럽(6.0%) 기타(8.4%) 순으로 아시아 시장에 대한 의존도가 절대적으로 높다.

게임을 파는 여러 가지 방법

게임회사들은 어떻게 돈을 버는가? 물론 당연히 게임을 팔아서다. 하지만 무엇을 어떻게 팔고 있는가를 말하려면 좀 더 복잡해진다. 과거에 게임을 파는 방법은 간단했다. 만든 게임을 카트리

---

[64]　게임시장 점유율을 권역별로 보면 2019년 기준으로 아시아가 43.3%, 유럽이 33.0%, 북미가 22.1%, 남미가 1.6%로 나타난다.

지, 디스켓, 시디롬 등등에 복사해 넣고 네모난 케이스에 담아 팔면 됐다. 게임이 다른 상품에 비해 갖는 하나의 강점은 일단 한번 만들어만 놓으면 그것을 재생산하는 데 드는 비용이 거의 없다는 것이다. 왜냐하면 '게임은 복사가 된다!' 게임을 구성하는 것은 물질이 아니라 디지털로 이루어진 에셋과 코드이고 이것을 복제하는 것은 똑같은 전자제품이나 자동차를 만드는 것보다 훨씬 간단하다. 하지만 이런 판매 방식은 곧 여러 가지 어려움에 부딪혔다. 왜냐하면 '복사가 되기' 때문이다. 한국에 닌텐도와 세가의 게임기들이 들어왔던 시절에도 수많은 불법복제 카트리지들이 유통되었으며, PC게임계에 횡행했던 불법복제는 앞서 이야기한 바다. 어쩌면 이런 조건이 오늘날의 게임을 파는 수많은 방법들을 만들어냈을 것이다. 과연 오늘날 게임을 판다는 것은 무엇을 의미하게 되었을까.

1) 게임 팔기

게임을 판매하는 방식에 따라서 그것을 위한 전략과 운영 역시 달라진다. 만약에 패키지 게임을 판다면 최대한 많은 사람이 그 게임을 사도록 만들면 될 것이다. 2020년 가장 화제의 게임이었다고 해도 과언이 아닌 CDPR의 〈사이버펑크 2077〉의 예를 보자. 이 게임은 제작사의 전작인 〈더 위쳐 3〉의 후광과, 게임사의 엄청난 약속들에 힘입어 21세기에 가장 거대한 기대를 받은 게임이었다 해도 과언이 아니다. 게임은 최고의 그래픽, 최고의 스토리텔링, 살아 숨 쉬는 캐릭터들과 도시, 나의 행동에 따라 달라지는 이야기 등 오늘날 AAA 게임의 이상향이라고 해도 좋을 모든 것을 약속했다. 게다가 PS5와 엑스박스 시리즈 X라는 차세대기 발매를 앞두고 있는 시점에서 수명이 다한 현세대 기기인 PS4와 엑스박스 원$^{\text{X-box one}}$에서도 게임을 출시하겠다고 발표했다.

그러나 CDPR이 약속한 모든 것은 게임의 출시와 함께 말 그대로 산산조각 났다. 게임에는 심각한 버그와 퍼포먼스 문제들이 존재했고, 심지어 PS4와 엑스박스 원에서는 게임이 제대로 구동조차 되지 않았다. PS4 버전을 구매한 사람들의 환불 요청이 빗발치기 시작했고, 급기야 소니는 플레이스테이션의 온라인 상점에서 〈사이버펑크 2077〉의 판매를 중단시켰다가 거의 6개월 만인 2021년 6월 말에서야 재판매를 시작했다. 기술적인 문제뿐만 아니라, CDPR이 약속했던 게임 플레이 역시 상당 부분 구현되지 않았다. 스토리는 몇 개의 분기를 제공할 뿐 내 행동에 따라 반응하고 시시각각 변하는 이야기 같은 것은 없었다. 캐릭터들은 끔찍한 AI를 선보였고, 경찰들은 사건 현장에 마법처럼 갑자기 나타났으며, 도시는 닫혀 있는 문과 무의미한 공간들로 채워져 있었다. 사람들을 가장 분노하게 한 것은 이런 심각한 상태임에도 불구하고 게임 출시직전에 나왔던 리뷰들에서는 그런 것을 알 수 없었다는 것이다. 후에 알려진 진실은 CDPR이 리뷰어들에게 그나마 멀쩡히 구동되는 PC판만을 제공했고, 현세대기용은 제공하지조차 않았다는 것이다. 이후 다양한 후속조치들로 게임이 개선되고 있지만, CDPR이 덜 만들어진 게임을 출시했고, 그것을 숨기려고 게이머들을 기만했다는 것이 지금까지의 잠정적 결론이다.

자, 이렇다면 〈사이버펑크 2077〉의 운명은 어떻게 되었을까? 놀랍게도 엄청나게 잘 팔렸다. 게임은 1370만 카피가 팔렸고, 회사는 그중 약 3만 개 정도만 환불을 요청했다고 밝혔다. CDPR은 이 게임 하나로 2020년 한 해 동안 6억 900만 달러의 매출[65]을 올렸고, 현직 CEO이자 설립자인 두 친구를 포함한 회사의 경영진 5명은 2800만 달러의 보너스를 받게 되었다.[66] 〈사이버펑크 2077〉이 그렇게 모범적 사례는 아닐 수 있지만, 패키지 게임의 판매 전략에 대한 가장 최신의 사례 정도로는 충분할 것이다. 무슨 수를 써서든지 더 많은 사람에게 많이 파는 것이 무엇인지를 유감없이 보여주었기 때문이다. 이것이 CDPR의 승리를 뜻하지는 않는다. 주가는 곤두박질쳤고, 회사의 명성은 치명상을 입었으며, CDPR은 여전히 이 문제를 해결하려고 진땀을 빼고 있다.

---

[65] 앞서 살펴본 〈2020 YEAR IN REVIEW-DIGITAL GAMES AND INTERACTIVE MEDIA〉, SUPER DATA, A NIELSEN COMPANY, 2021 기준.

[66] 「CD Projekt heads will receive large bonuses despite Cyberpunk 2077's troubled launch, Stephany Nunneley」, 〈VG 24/7〉, 2021년 4월 30일자.

한편 이런 거대한 마케팅을 거치지 않고서도 엄청난 판매고를 올린 게임도 있다. 아이언 게이트 AB라는 총인원 5명의 소규모 개발사가 만든 게임 〈발하임〉은 2021년 2월에 스팀에서 앞서 해보기로 판매를 시작한 이후, 1개월 만에 500만 카피를 팔았다. 단순 계산만으로도 1000억 원이 넘어가는 매출을 올린 것인데, 딱히 마케팅이랄 것도 없었다. 바이킹 신화를 배경으로 생존과 전투를 중심으로 만들어진 저해상도의 세계[67]가 게이머들의 입소문을 타고 전 세계적인 열풍을 일으킨 것이다. 이는 스팀과 같은 온라인 상점이 없었다면 어려웠을 일이다. 마케팅 여력이 없는 회사일수록 판로 개척에 어려움을 겪기 마련이고, 스팀과 같이 온라인 상점과 커뮤니티가 결합된 모델은 자본금이나 개발력은 부족하지만 번뜩이는 아이디어를 품고 있는 인디게임들에 기회를 제공한다. 당연하겠지만 모두가 이런 기회를 얻는 것도 아니고, 퀄리티와 별개로 인기를 끌거나 끌지 못하는 게임들도 많다.

1)-1 게임 상점의 경우

상점들이 땅을 파서 장사를 하고 있는 것은 당연히 아니다. 상점

---

[67]　이 게임의 용량은 1기가바이트 정도로, (어지간한 게임이라도 수 기가에서 많게는 100기가바이트에 달하는) 최근 게임들의 크기를 생각하면 당황스러울 만큼 작다. 당연히 그래픽은 인디게임 치고도 좋은 편은 아니다.

은 게임 판매 대금의 일부를 수수료로 취한다. 온라인 상점이 전 세계 모든 동네에 지점을 내는 것보다야 여러모로 비용이 덜 들 수는 있지만, 그렇다고 가만히 앉아서 개발자들이 만들어 온 게임을 팔기만 하면 되는 것도 아니다. 일단 거대한 용량의 게임들을 빠른 속도로 다운로드할 수 있는 서버를 유지하는 것만으로도 엄청난 비용과 인력이 필요하다. 또 오늘날 상점들은 다양한 기능들을 제공하고 있기 때문에 그와 관련된 개발 및 관리에도 많은 인력이 필요하다.

그런 사정이 있다고 해도 스팀은 오랫동안 판매 금액의 30%라는 만만치 않은 수수료를 받아왔다. 이 비율은 애플의 앱스토어와 구글 플레이마켓도 공유하고 있었던 비율이다. 에픽게임즈가 자체 스토어를 세우고 12%라는 새로운 수수료 정책을 들고 나오기 전까지 이 30%는 업계의 표준처럼 작용해왔다. 최근에는 특정한 조건을 붙여서 수수료를 인하하는 정책들이 다른 상점들에서도 도입되고 있으나, 최대 30%라는 조건은 바뀌지 않고 있다.

결국 이와 관련해 에픽게임즈(이하 에픽)와 애플 간의 소송이 진행 중이다. 발단은 에픽이 서비스 중인 전 세계적 인기 게임인 〈포트나이트〉였다. 앱스토어에 게임을 서비스 중인 에픽이 게임 내의 소액결제 요소에도 30%의 수수료를 부과하는 애플의 정책에 반하여 그것을 우회하는 방식의 결제 시스템을 도입했고, 이에 애플이 앱스토어에서 〈포트나이트〉의 서비스를 중단시키는 조치를 취한 것이다.

2021년 9월 10일 미국 캘리포니아 오클랜드 연방지방법원은 이 소송에 대한 1심 판결을 내렸다. 법원은 에픽이 애플에 제기한 10개의 쟁점에 대해 1개를 빼고 모두 기각하는 판결을 내렸다. 이 소송전의 직접적인 원인이 되었던 애플의 인앱결제 강제, 즉 앱스토어에서 이루어지는 모든 결제가 애플을 거쳐야 하고, 그에 따른 수수료를 지급해야 한다는 정책은 반경쟁적 행위라고 인정되었다. 하지만 그 외에 애플이 모바일 생태계의 독점적 지위를 악용하여 입점한 기업들에 횡포를 부리고 있다는 주장은 모두 기각되었다. 그뿐만 아니라 에픽이 애플의 정책을 우회하여 〈포트 나이트〉의 외부 결제링크를 제공한 행위 자체는 계약위반이므로, 에픽이 8월부터 10월까지 그것을 통해 벌어들인 돈의 30%에 해당하는 360만 달러를 애플에게 지급해야 한다고 판결했다. 소송은 전반적으로 애플의 승리로 해석되고 있으며, 무엇보다도 애플이 30%의 수수료를 철회하는 일도 일어나지 않았다.

스팀을 운영하고 있는 밸브와 플레이스테이션 전용 온라인 스토어를 운영 중인 소니 역시 비슷한 이유로 소송을 당했다. 특히 밸브는 높은 수수료와 함께 무역협상에서 사용되는 '최혜국 대우'를 게임사들에게 요구하고 있는 것으로 알려져 있다. 즉 스팀에서 게임을 판매하는 게임사나 유통사는 다른 경쟁상점 어디에서도 그것보다 더 싼 가격에 게임을 팔아서는 안 된다는 것이다. 심지어 게임사나 유통사의 자체 온라인 상점에서 게임을 팔 때도 이 조항을 유지할 것을 종용받고 있다는 것이 밸브를 고발한 울파이어 게임 즈^{Wolfire Games}의 주장이다. 한편 집단소송을 당한 소니의 경우는 자사의 콘솔인 플레이스테이션을 위한 온라인 상점 플스스토어를 운영하는 과정에서, 다른 사업자들의 온라인 판매 기능을 아예 배재함으로써 가격경쟁이 일어나지 못하게 했다는 것이 쟁점이다. 패키지 형태로 판매되는 플스 게임들은 각 상점에서 자유롭게 할인행사를 할 수 있지만, 소니가 플스스토어에서 다운로드 형태로 판매하는 게임들은 오로지 소니를 통해서만 구매할 수 있기 때문에 판매가격이 온전히 소니만의 독자적인 결정으로 정해지고 있다는 것이다.[68]

이 소송들이 어떤 변화를 가져올지는 아직 모른다. PC 게임의 경우 스팀의 독주체제에 가깝던 시장에 에픽이 뛰어들었고, 단숨에 대항마가 되었다. 에픽스토어는 게임사들에 파격적인 수수료 인하와 함께, 유저들에게 정기적으로 무료게임을 배포하고, 대작 게임들을 기간독점으로 스토어에 유치하는 등 그야말로 공격적인 마케팅을 펼쳤다. 하지만 최근 소송 중에 밝혀진 바에 따르면 에픽은 2019년에 1억 1800만 달러, 2020년에는 2억 3300만 달러의 적

68   「Valve and Sony Sued for Establishing Digital Monopolies with Their Stores」, Alessio Palumbo, 〈WCCFtech〉, 2021년 5월 8일자.

자를 기록했다. 에픽은 내부적으로 2023년이 되어서야 에픽스토어에서 수익이 발생할 것으로 기대하고 있다.[69]

애픽과 애플의 1심 소송이 한창 진행 중이던 2021년 8월 31일에 이 소송에 영향을 줄 것으로 기대되는 놀라운 일이 다름 아닌 한국에서 벌어졌다. 더불어민주당 조승래 의원이 대표 발의한 전기통신사업법 일부 개정안, 일명 "구글 갑질 방지법"이 본회의를 통과한 것이다. 이 법안은 모바일 콘텐츠를 거래하는 공간인 앱 마켓의 의무 준수 사항을 신설했다. 법안의 주요 골자는 마켓 사업자가 결제 및 환불에 대한 사항을 약관에 명시해야 하고, 정부에서 실태 조사를 할 수 있으며, 특정한 결제 방식을 강제할 수 없고, 콘텐츠 심사를 부당하게 지연할 수 없고, 부당하게 삭제해서는 안 된다는 조항을 담고 있다. 이는 세계에서 유례가 없는 최초의 앱 마켓 규제 법안임과 동시에 현존하는 가장 강력한 법안으로 알려졌다.[70] 이 법안이 통과되었다는 소식을 들은 에픽의 CEO인 팀 스위니는 트위터를 통해 '우리는 한국인이다'라는 메시지를 올리는 등 크게 환영한 바 있다.

이 법이 점점 더 거대한 권한을 휘두르고 있는 앱 마켓들에 맞서 소비자와 개발자를 얼마나 보호할 수 있을지는 아직 미지수다. 그

69 「Epic Games lost almost $181 million & $273 million on EGS in 2019 and 2020, respectively」, John Papadopoulos, 〈Dark Side Of Gaming〉, 2021년 4월 9일자.
70 「세계 최초 빅테크 갑질 막는다... '구글 갑질 방지법' 탄생」, 〈YTN 사이언스〉, 2021년 9월 13일자.

럼에도 마켓들의 절대적인 지위와 30%라는 수수료율이 의문에 부딪히고 있는 것은 분명하다.

2) 월정액, 구독

오늘날 구독경제는 나날이 성장하고 있다. 신문, 잡지, 우유 같은 것이 고작이던 시대를 지나 영상 스트리밍, 가전제품, 각종 식음료 등등이 모두 '구독'의 대상이다. 게임은 비교적 오래전부터 이런 구독의 개념을 도입한 매체 중 하나다. 월정액 모델은 MMORPG와 함께 본격적으로 등장했다.

전통적인 게임판매는 게임을 '한 번만' 팔수 있다는 점에서 게임 플레이가 수익 창출과 연계되지 않았다. 게다가 패키지 형태의 게임들은 중고거래를 활성화시키기도 좋았는데, 중고거래 역시 게임사들 입장에서는 기대수익을 갉아먹는 것이었다. 여기에 불법복제 문제까지 겹치면 문제는 더 심각해졌다. 하지만 네트워크에 연결되어 있지 않은 PC나 콘솔이 대다수였던 시절에는 다른 방도가 없었다.

이런 상황을 타개하는 데는 일단 초고속통신망이라는 인프라가 필요했다. 네트워크에 연결된 기기에 대해서는 여러 가지 추가 상품을 판매하거나, 패치를 제공할 수도 있고, 아예 온라인 전용 게임을 개발하는 것도 가능했다. 이 중에서도 MMORPG는 여러 가지로 패키지 게임의 한계들을 뛰어넘을 수 있다는 기대를 받았다. 아무리 잘 만든 게임이라도 같은 게임을 여러 번 플레이하다 보면 지겨워지기 마련이다. 또 게임 속에서 할 수 있는 상호작용들 역시 미리 짜인 것 이상으로는 불가능하다. 그렇기 때문에 화면 너머의 진짜 사람들과 함께 상호작용을 하면서 게임을 즐길 수 있다는 것은 더 많은 변수와 관계로 이루어진 무한하고 살아 있는 세계에 대한 약속이 될 수 있을 것 같았다.

또 온라인 게임의 대중화와 함께 시작된 월정액 모델은 더 많은 플레이어가 게임을 오랜 기간 동안 할수록 게임사의 수익이 커지는 구조를 갖고 있었다. 그러므로 게임사로서는 최대한 많은 유저를 최대한 오랫동안 붙잡아두는 방법이 관건이었다. 하지만 이런 모델은 얼마 안 가 한계를 드러내기 시작했다. 문제의 핵심은 MMORPG 간의 경쟁이 획기적인 수의 신규 유입 유저가 발생하지 않는 이상 결국 정해진 유저 풀을 두고 벌이는 유치경쟁이 된다는 점이다. 게임뉴스/커뮤니티 사이트 TIG의 유튜브 채널 '중년게이머 김실장'에서는 월정액 MMORPG가 유행하던 당시의 월정액 가격이 블리자드의 〈와우〉가 책정한 월 1만 9800원(현재도 같은 가격)을 넘을 수 없었던 사정을 이야기한다. 〈와우〉는 MMORPG 장르에 수많은 혁신을 도입한 선구자적 위치를 갖고 있었고, 지금까지도 월정액 모델을 주요 수익원으로 삼고 있다. 장르의 초창기를 부흥시킨 작품이자, 충성고객층을 확보하고 있는 엔씨소프트의 〈리니지〉를 제외하고는 아무런 게임도 1만 9800원의 벽을 넘을 수 없었고, 실제로 그것을 넘는 액수를 책정한 게임들이 엄청난 가격 저항에 부딪혀 가격을 철회하는 일도 일어났다. 하지만 이런 조건은 필연적으로 제작비 상승이 동반되는 후발주자들에게 매우 불리하게 작용했다.[71]

그뿐 아니라 이런 게임에서 시간은 곧 강함이다. 이는 늦게 게임을 시작한 이들로 하여금 절대로 따라잡을 수 없는 격차를 만들어낸다. 이 격차는 새로운 유저의 유입에서 큰 진입장벽으로 작용하게 된다. 서비스 기간이 길어지면 길어질수록, 게임 내의 강함의 수준은 고착화되고 뒤집을 수 없게 된다. 많은 게임이 결국 플레이어 간의 경쟁을 최종 콘텐츠로 내세우게 된다는 점에서 이는 게임 전체를 고착화시키고, 활력을 죽이는 결과를 낳는다. 많은 후발주자들이 수백억 원대의 개발비를 들여 〈리니지〉와 〈와우〉의 아성에 도전했지만, 게임의 실패가 회사의 폐업으로 이어지는 일이 계속해서 벌어졌다. 오늘날에는 〈와우〉를 제외하면 〈파이널판타지 14〉 정도가 유의미하게 월정액제의 명맥을 이어가며 서비스 중이며, 그 외에는 유의미한 사례를 찾아보기 어렵게 되었다.

한편 최근 게임 구독이라는 새로운 월정액 모델이 등장하기 시

---

[71] 유튜브 채널 '중년게이머 김실장', 〈MMORPG의 쇠락과 정액제의 몰락은 예정된 것이었다? (part. 1)〉, 2020년 6월 24일자, 〈MMORPG의 쇠락과 정액제의 몰락은 예정된 것이었다? (part. 2)〉, 2020년 6월 26일자.

작했다. 정확하게 OTT 서비스[72]의 게임 버전이다. 이 모델의 선두에 서 있는 것은 마이크로소프트의 엑스박스 게임패스GAMEPASS 다. 한 달에 1만 1900원(얼티밋 기준)을 내면 100개 이상의 게임을 무제한으로 즐길 수 있다. 비슷한 목표를 가지고 구글에서 야심차게 시작했던 스테디아가 이런저런 난항을 겪으며 좌초되는 동안 마이크로소프트는 '게임계의 넷플릭스'를 구현하는 데 성공했다. 게임패스로 제공되는 게임들은 AAA 대작들부터 인디게임에 이르기까지 다양하다. 과거 엑스박스의 독점 타이틀로 인기를 끌었던 〈기어스 오브 워〉시리즈와 〈헤일로〉시리즈는 물론이고, 마이크로소프트가 제니맥스를 인수하면서 산하 스튜디오가 된 베데스다의 모든 게임과, EA가 만든 게임 구독 서비스인 EA PLAY에서 제공하는 게임들도 게임패스에서 플레이할 수 있다. AAA 게임들의 경우 타이틀 하나를 구매하는 데 정가 기준으로 최소 6만 원이 넘는다는 것을 생각하면 한 달에 게임 하나만 즐겨도 남는 장사다.

엑스박스의 구상은 여기서 끝이 아니다. 최종적으로는 클라우드 게이밍 서비스인 엑스클라우드와의 결합이 목표다. 클라우드 게이밍은 모바일, 태블릿, 성능이 낮은 PC에서도, 또 실내가 아니라 야외에서도 게임을 할 수 있게 만들어주는 서비스다. MS게이밍

---

72 Over The Top. 기존 통신과 방송사가 아닌 새로운 사업자가 인터넷으로 드라마나 영화 등 다양한 미디어 콘텐츠를 제공하는 서비스.

총괄 부사장인 필 스펜서$^{Phil\ Spencer}$는 '사람들이 어떤 기기를 가지고 있건 간에 게임이 가능하게 만들고 싶다'[73]고 얘기한 바 있는데, 심지어 엄청난 성능으로 무장한 차세대기인 엑스박스 시리즈 X를 선보이던 시기에 한 얘기였다.

당연히 이것은 자선사업이 아니다. 마이크로소프트의 전략은 콘솔과 게임의 비싼 가격이라는 진입장벽을 월 단위의 구독료로 분할해서 소비자층 자체를 확대하는 것이다. 충분한 유저생태계가 조성된다면 서비스의 가격을 올릴 가능성도 농후하다. 이런 모델이 소비자에게 무조건 유리한 것만도 아니다. 통상적으로 피시 버전 패키지 게임을 구매하면 이용 가능한 유저 배포 모드들을 사용할 수 없고, 게임과 관련해서 생성되는 데이터들을 서비스 제공자에게 보내는 것을 거부하면 아예 게임을 이용할 수 없다. 무엇보다도 게임패스는 새로운 게임이 들어오기도 하지만, 빠져나가기도 한다. 어떤 게임이 들어올지는 순전히 서비스를 제공하는 이들의 영역이니, 내가 애정을 갖고 플레이한 게임을 다시 하지 못하거나 추가로 구매해야 하는 경우도 생긴다. 적은 돈으로 100개의 게임을 하는 것의 대가는 게임에 대한 통제권을 잃는 것이다.

---

[73] 「엑스박스 대표, '게임의 영혼'까지 언급하며 소니 PS5 정책 비판」, 한지희 기자, 〈TIG〉, 2020년 7월 14일자.

3) 부분유료화

부분유료화는 게임의 일부를 추가요금을 받고 유료로 파는 것이다. 최초의 부분유료화 게임은 1999년 서비스를 시작한 넥슨의 〈퀴즈퀴즈〉로 알려져 있다. 〈퀴즈퀴즈〉는 최초에 게임을 무료로 선보였다가 월정액으로 전환했으나 유저들은 유료전환이 아니라 이탈을 택했다. 이에 넥슨은 다시 게임을 무료로 전환하는 대신 채팅사이트인 '세이클럽'의 모델에서 착안해 게임 내 아바타를 유료로 판매하기 시작했다. 이후 넥슨은 〈크레이지 아케이드〉와 〈카트라이더〉 등에서 게임에 영향을 미치는 유료 아이템들을 판매하는 등 본격적인 부분유료화의 서막을 열었다.[74] 부분유료화로 판매되는 것을 크게 보면 시간, 성능, 외형, 캐릭터, 편의성으로 나눌 수 있다. 먼저 시간은 게임 내에서 오랜 시간이 걸려야 해결할 수 있는 것들을 단축해주는 것이다. 성능은 다양한 방식으로 게임 플레이에 영향을 미치는 요소들을 직접 판매하는 것을 의미한다. 외형과 캐릭터는 성능과 결합이 되기도 하고 그렇지 않기도 하며, 특정한 캐릭터 혹은 꾸미기 요소를 파는 것이다. 편의성은 게임에서 사용할 수 있는 편의기능들을 유료로 판매하는 것인데, 없어도

---

[74]　유창석, 〈부분유료화 과금모형 변천의 역사〉, 《한국게임학회지》 Vol.12 No.1, 한국게임학회, 2015, 3~9쪽.

게임은 할 수 있지만 있으면 게임이 많이 편해지는 요소가 대부분이다.

부분유료화의 핵심은 게임에서 발생하는 경제적 가치를 게임사가 가져가는 것이다. 가령 〈리니지〉는 월정액 시절부터 아이템이나 계정의 현금거래가 활성화되어 있었다. 하지만 게임사는 이런 것을 공식적으로 인정하지 않았기 때문에 그 돈은 모두 유저와 아이템중계업체들의 몫이었다. 오늘날 〈리니지〉는 아이템을 직접 유저에게 판매한다. 따라서 과거에는 지켜볼 수밖에 없었던 수익들이 모두 게임사의 몫이 되었다. 이에 따라서 과거 안정적인 밸런스를 유지하는 것이 목적이 되었던 게임 운영도 훨씬 더 역동적인 방식으로 변하게 되었다.

거의 대부분의 부분유료화 게임들은 F2P 형태를 띤다. 그리고 앞서 살펴봤듯이 이런 게임들에서 실제로 돈을 쓰는 사람의 비율은 그다지 높지 않다. 게임이 정말로 '무료'가 되지 않으려면 공짜로 게임만 하는 유저들을 돈을 쓰는 유저로 바꿀 수 있는가가 중요해진다. 이것을 게임의 디자인과 운영이라는 두 개의 측면을 통해 유도하는 것이 F2P 게임의 성공의 핵심이다.

유저의 결제를 유도하기 위해서 많은 장치가 사용된다. 가장 대표적인 장치로는 난이도가 있다. 막히는 것 없이 흘러가던 게임이 갑자기 급격하게 어려워지기 시작하는 것이다. 실패가 반복되면 유저들은 게임의 이런저런 시스템들을 살펴보게 되고, 그때 개발사가 만들어놓은 다양한 유료결제 시스템들이 등장하는 식이다. 판매 수량을 한정해놓은 가성비 높은 패키지 상품도 흔한 방식이다. 이것은 일반적인 유통업체들도 사용하는 이른바 '미끼상품'으로, 첫 결제가 성공하면 두 번째, 세 번째 결제에 대한 심리적 저항감은 하락한다. 그뿐 아니라 결제액수가 커질수록, 들어간 돈과 시간, 게임을 하면서 형성된 관계 때문에 쉽게 게임을 떠나지 못하는 매몰효과가 발생하게 된다.[75]

돈을 쓸 동기를 부여하는 것도 중요하다. 가령 PvP[76]가 활성화된 게임은 다른 유저와의 경쟁에서 지지 않기 위해 돈을 쓰게 될 가능성이 높다. 유명한 만화, 애니메이션, 게임의 캐릭터가 등장하는 게임이라면 내가 원하는 캐릭터를 얻기 위해서 돈을 쓸 것이다. 성능이 특출한 나머지 그것이 없다면 게임이 어려워지는 소위 '인권캐'(이 캐릭터가 없으면 인권이 없다고 할 정도로 게임 플레이에 필수적인 캐릭터)나 아이템이 있다면 그것을 얻기 위해 돈을 쓸 가능성도 높아진다.

75 〈채널 개발사는 알고 있다, 당신이 온라인 게임을 쉽게 접지 못하는 이유 (매몰비용 part.1)〉, 중년 게이머 김실장, 〈TIG〉, 2020년 7월 20일자.
76 Player vs Player 유저 간의 대결을 뜻하는 약어.

4) The Dark Side of 부분유료화

부분유료화는 오늘날 가장 큰 비중을 차지하는 판매방식이지만, 동시에 가장 큰 문제가 되고 있기도 하다. 문제를 일으키는 것은 모든 부분유료화라기보다는 'Pay to win'과 랜덤박스라는 부분유료화의 특정한 모델과 판매방식이다. Pay to win은 게임의 구조가 돈을 쓰는 만큼 유리해지는 것을 말한다. 게임 플레이에 영향을 미치는 부분유료화를 택하고 있는 대부분의 게임은 크든 작든 이런 식의 구조를 갖고 있게 마련이지만, 그것이 얼마나 게임에서 중요하고 노골적인지는 게임마다 큰 차이가 있다.

현실의 스포츠들도 결국 돈과 자원의 싸움이라는 것은 익히 알려진 사실이지만, 때로는 그것을 뛰어넘는 재능을 가진 이들이 나타나거나, 뻔해 보이던 결과에서도 이변이 일어난다. 요컨대 모든 것을 국제축구연맹FIFA이나 국제올림픽위원회IOC가 제어할 수는 없다. 하지만 게임은 인위적으로 만들어진 세계이고 얼마든지 조정할 수 있다. 그리고 이 조정은 게임사의 이익이라는 명백한 기준에 맞춰 이루어진다.

게임연구자 이경혁은 석사학위 논문에서 이른바 납금플레이가 부분유료화 이전에도 오락실 등에서 존재해왔다고 말한다. 하지만 오락실에서 동전을 넣고 플레이를 이어가는 행위는 그만큼의 숙련도를 게이머의 몸에 쌓는 방식이었다. 반면 오늘날의 부분유료화는 납금에 따른 숙련이 플레이어의 신체가 아니라 게임사의 서버에 쌓이게 된다. 이는 게임을 하고 싶지만 게임의 숙련을 쌓을 시간과 체력이 부족한 성인층에게는 일면 긍정적인 면도 있다. 그러나 이런 부분유료화 정책 때문에 플레이 전반을 좌우하는 힘이 게임사에 온전히 넘어갔고, 이는 게임사와 이용자 간의 균형을 흐트러트리는 문제가 된다고 말한다.[77] 실제로 카지노가 손님에게 돈을 잃게 될 일말의 가능성이라도 갖고 있는 반면, 이런 설계의 게임에서 게임사는 아무것도 잃지 않는다. 거의 모든 'Pay to win' 게임들이 게임 내 유료 재화들을 무상으로 제공하는 이벤트를 진행하지만, 게임 내 재화는 돈으로 바꾸기가 엄청나게 복잡하고 어려운 카지노 칩 같은 것이고 게임사의 현금이 지출되는 것도 아니다.

랜덤박스는 게임 내 아이템 등을 파는 방법이다. 일본에서 판매하는 랜덤장난감 판매기의 이름을 따 '가챠がちゃ'라고 불린다. 재화를 넣고 뽑기를 하면 임의의 확률로 무언가를 얻을 수 있다. 대부분의 게임들에서 내가 원하는 것을 얻을 확률은 매우 낮다. 1% 이상인 것은 양반이고, '0.0…'으로 시작하는 확률이 부지기수다.

좋은 아이템을 누구나 쉽게 얻을 수 있다면 사람들은 금방 흥미를 잃게 될 것이다. 그러므로 낮은 확률 자체는 게임의 재미에 영향

---

77 이경혁, 〈게임 아이템 구입은 플레이의 일부인가?: 납금방식의 변화에 따른 '게임 플레이' 개념의 확장 연구〉, 연세대학교 커뮤니케이션대학원 석사학위 논문, 2020.

을 주는 부분이기도 하다. 하지만 문제는 이것을 유료로 판매할 때다. 더 정확하게 말하자면 랜덤박스는 상자를 열 수 있는 기회를 유료로 파는 것이다. 얼마를 써야 내가 얻고자 하는 아이템이 나올지는 알 수 없는 형태로 말이다.

랜덤박스가 지나치게 운에 기대는 판매방식이라는 원성 때문에 생겨난 것이 이른바 '천장'이다. 뽑기를 특정 횟수 이상으로 했을 때, 희귀한 아이템을 확정적으로 지급하는 시스템이다. 그러나 천장에 닿을 때면 이미 엄청난 액수의 돈이 증발한 뒤다. 게다가 게임 내의 많은 아이템은 대부분 한 개가 아니라 여러 개가 필요하도록 설계된다. 즉 같은 것을 여러 번 뽑아서 강화를 시켜야 한다. 그러니 천장이 있다고 한들 게이머들에게는 위로와 조롱 사이의 애매한 무언가가 될 수 있을 뿐이다.

천장이 그나마 인간의 얼굴을 한 시스템이라면, '컴플리트 가챠'와 '도감'은 악마가 손에 든 최신형 고문도구 같은 것이다. 컴플리트 가챠는 빙고와 비슷하다. 1~30번 사이의 번호는 그 자체로는 아무런 의미도 없고 오로지 그것이 한 줄로 이어졌을 때에만 의미를 갖는다. 마찬가지로 어떤 아이템을 한 번의 뽑기로 얻을 수 있는 것이 아니라 여러 번의 뽑기를 통해 순차적으로 정해진 것들을 다 뽑아야 원하는 것을 얻을 수 있는 방식이다. 비슷하게는 '이중 뽑기'가 있다. 뽑기를 통해 원하는 아이템을 뽑을 수 있는 재화를 얻고 그것으로 다시 뽑기를 하는 방식이다. '도감' 시스템도 최근 기승을 부리고 있다. 특정한 아이템들을 뽑아서 조합을 만들어내면 보너스를 주는데, 게임에 미치는 영향이 작지 않기 때문에 어느 수준을 넘어가면 강제된다. 물론 이 정도까지 하는 게임들이 다수는 아니다. 그러나 한국에서 개발되는 신작 게임들은 이런 시스템들을 모두 활용하는 경우가 많다.

컴플리트 가챠의 경우 일본에서는 일본온라인게임협회JOGA가 만든 "온라인게임 비즈니스 모델 기획 설계 및 운영 가이드라인"에 의해 2016년부터 업계에서 퇴출되었다. 일본의 경품표시법에서는 유료 뽑기에서 2개 이상의 특정 아이템을 모은 유저에게 이익을 제공하는 것을 금지하고 있기 때문이다. 컴플리트 가챠, 이중 뽑기, 도감이 모두 규제의 대상이 된다.[78] 하지만 한국에서는 이 세 가지가 모두 성황리에 이루어지고 있으며, 관련 규제를 담은 법안은 2021년에 와서야 논의 중이다. 업계의 자율규제도 확률공개에만 멈춰 있을 뿐, 이런 비즈니스 모델에 대한 개선 논의는 없다.

그리고 이 두 가지가 합쳐지면 그야말로 출구 없는 약탈적 비즈니스 모델이 등장한다. 이 분야에서 가히 세계 최고라고 할 수 있는 게임인 엔씨의 〈리니지M〉과 〈리니지2M〉은 유저들이 세력을 만

[78]   「컴플리트 가챠 금지법 ② 일본은 어디까지 규제하나」, 김미희 기자, 〈게임메카〉, 2021년 3월 9일자. 다만 일본의 규제 역시 제한적이다. 가령 일본에서 서비스되는 〈리니지2M〉에서는 한국에서 적용되는 모든 시스템이 다 적용되고 있다. 일본의 제재는 정해진 아이템을 모두 모았을 때 '명백하게 새로운 아이템이 지급되는' 경우를 강력하게 제재하는 것에 초점이 맞추어져 있는 것으로 보인다.

들고 그 세력들 간에 전쟁을 치르는 것을 게임의 핵심으로 삼고 있다. 제작사는 유저들이 전쟁에 참여할 동기가 되는 다양한 게임 내 시스템과 인센티브를 제공하고, 정기적인 이벤트와 운영을 통해 전쟁을 유도한다. 그리고 전쟁에 뛰어든 플레이어들이 경쟁 속에서 강함을 갈망할 즈음에 그것을 충족시켜줄 수 있는 새로운 상품을 내놓는다. 〈리니지〉의 전쟁은 처음에는 하나의 서버에서 벌어지는 일이었지만, 게임사는 그 전쟁을 더 많은 서버들 간의 전쟁으로 점진적으로 확장시켰고, 급기야는 〈리지니M〉과 〈리니지2M〉 각각에 게임 내의 모든 강자들이 모여 자웅을 겨루는 "마스터 던전"이 열렸다.[79] 이런 곳에서 경쟁이란 문자 그대로 '억億' 소리가 날 수밖에 없다.[80]

이런 것을 게임이라고 불러도 좋을까? 과연 이것이 재미의 가격으로, 또 재미를 파는 방법으로서 합당한 것일까? 우리는 재미를 추구할 권리가 있지만, 재미를 위해 남에게 해를 끼치거나, 도박/마약 따위를 하는 것은 법의 규제를 받는다. 도박과 마약도 시작은 자유의지이지만 여러 가지 이유로 빠져나올 수 없게 되고, 그것이 개인과 사회에 위협이 되는 결과를 초래한다. 물론 인간은 스스로를 파괴하는 데에는 만물 중에 으뜸인지라, 온갖 생각지도 못한 것

[79]   〈리니지의 대규모 전쟁이 가져다준 천문학적 수익, 그리고 그 이면에 가려진 것들〉, 중년게이머 김실장, 〈TIG〉, 2021년 5월 13일자.

[80]   리니지M의 최상급 무기인 "그랑카인의 심판"은 한화 약 20억 원 정도로 알려져 있다.

들에 집착하며 건강과 재산을 탕진한다. 하지만 인간이 그런 성향을 가진 것이, 그것을 이용해 타인의 등골을 빼먹는 것을 정당화해 주는 것은 아니다.

유튜브 채널 '뀨놀의 게임 읽기'에서는 유료-랜덤박스의 형태로 판매되는 게임 내 아이템들을 "사행성 아이템"이라고 부르자고 제안하고 있다.[81] 확률은 게임내의 재미 요소로 일찍부터 중용되어왔고(대표적으로 주사위) 그 자체로 나쁜 것이 아니지만, 게임 사들이 유료-랜덤박스로 판매되는 아이템들을 "확률형 아이템" 이라고 명명하고 의도적으로 혼동해 쓰는 바람에 문제의 성격이 확실하게 드러나지 않고 있다는 것이다. 이미 게임물관리위원회에서는 "사행성"을 게임등급에 영향을 미치는 요소로 분류하고 있고, 유료-랜덤박스를 채택하고 있는 게임들은 모두 이 범주에 속해 있으므로 이렇게 부르는 것이 이상하지 않다는 것이 이 채널의 주장이다.

이와 관련해 한국의 게임 산업이 보여주었던 행태는 '눈 가리고 아웅'의 연속이었다. 랜덤박스에서 나온다고 했던 것이 누락되어 있어 유저들에게 당첨 없는 뽑기를 팔아치운 것도 이미 여러 번이다. 확률을 공개하라는 요구에 영업비밀이라며 맞서다가, 정부의 강제적 규제가 예고되자 부랴부랴 업계에서 자율규제를 하고 확

---

[81]   〈이제 '사행성 아이템'이라고 부르자〉, 유튜브 '뀨놀의 게임 읽기' 채널, 2021년 4월 19일자.

률공개도 하겠다며 나섰지만, 게임 홈페이지의 잘 보이지도 않는 곳에 찾기 기능도 없는 기다란 확률표 이미지를 꽁꽁 숨겨두는 치졸한 방식으로 일관했다. 이런저런 사건과 사고를 통해 반복적으로 확인된 것은 업계는 지금과 같은 영업방식을 바꾸고 싶은 마음이 없다는 사실이다.[82]

갓겜의 역설

게임계 내부에서 보면 게이머와 게임 산업 간의 대립은 시간이 지날수록 빈번해지고, 격렬해지는 추세다. 앞서 게이머들이 F2P 판매방식을 선호한다는 조사결과를 기억할 것이다. 하지만 동시에 Pay to win은 게이머들이 그렇게 즐거워하는 방식은 아니다. 문화산업의 소비에서 게임만큼 '가성비'의 법칙이 지배하는 곳은 드물다.

가성비 좋은 게임이란 무엇일까? 먼저 F2P인데, Pay to win이 아닌 게임들이다. 주로 멀티플레이 PvP 게임들로, 가장 대표적인 것

---

[82] 이와 관련한 자세한 내용은 「[창간 16주년] TIG 기사를 중심으로 보는 확률형 아이템 10년 史」, 김재석 기자, 〈TIG〉, 2021년 3월 19일자 기사를 참조하라.

이 〈리그 오브 레전드〉다. 게임에 영향을 미치는 요소는 모두 게임을 통해 획득하는 게임 내 재화로 구입이 가능하고, 유료로 구매하는 것은 모두 게임에 영향을 미치지 않는 꾸미기 요소들이다. 작정하면 돈 한 푼 쓰지 않고 수천 시간을 플레이하는 것이 가능하다. 그럼에도 〈리그 오브 레전드〉는 2020년을 기준으로 17억 5000만 달러를 벌어들였고, 이는 전 세계의 F2P 게임 중 6위에 해당하는 액수다.[83]

　패키지 형태로 판매하는 게임이라면, 낮은 가격에, 오랫동안 플레이할 수 있고, 여러 번 플레이해도 재미있어야 한다. 게임이 엄청나게 훌륭하다면 가격은 어느 정도 타협할 수 있지만, 이미 게임의 가격이란 다른 취미들에 비교했을 때 그다지 높은 편은 아니다. 최근 이른바 AAA 게임 본편 가격을 69.99달러로 올리려는 업계의 움직임이 가속화되고 있는데, 이는 지난 10년 정도의 시간 동안 59.99달러가 표준가격처럼 여겨져왔기 때문이다.

　많은 게이머들이 찬양하는 소위 '갓겜'의 대표주자들을 보자. 베데스다의 〈엘더스크롤 5: 스카이림〉은 2011년 PC와 PS3로 발매된 이후 수많은 아마추어 제작자들의 모드가 추가되면서 아직까지도 플레이하는 사람이 많은 게임이다. 2013년에 발매된 락스타의 〈GTA 5〉는 2020년 한 해에만 9억 1100만 달러라는 엄청난 매

83　　SuperData, a Nielsen company, 〈2020 YEAR IN REVIEW〉, 2021.

출을 올리면서 패키지 게임 매출 3위를 차지했다.[84] 2021년 9월에 리메이크되어 출시된 블리자드의 〈디아블로 2〉는 2000년에 발매해 전 세계적인 인기를 끌었던 게임인데, 20년이 넘는 시간 동안이 게임을 계속 플레이하는 사람들이 있다는 것이 알려져 화제가 되기도 했다.

게이머들이 업계에 갖는 흔한 불만은 이른바 '유저를 돈줄로 본다'는 것이다. 일반적으로 유저가 돈줄이 아니라면 게임업계는 여러모로 곤란해질 수밖에 없다. 하지만 게임시장이 모바일과 불완전판매를 중심으로 전환된 이후 기상천외한 약탈적 비즈니스 모델이 넘쳐나기 시작한 것이 문제의 발단이다. 특히 기존에 많은 유저를 확보하고 있던 게임들이 이런 극단적인 비즈니스 모델로의 전환을 시도하는 경우에는, 유저들이 게임에 쏟았던 시간과 돈이 인질이 되어버리기 때문에 더 큰 문제가 된다.

2021년 상반기에는 이런 상황에 대한 게이머들의 불만이 한국의 대형 온라인/모바일 IP들을 중심으로 폭발적으로 터져 나왔고, 이른바 '3N'이라고 불리는 한국의 3대 거대 게임사인 넥슨, 넷마블, 엔씨소프트가 주요 표적이 되었다. 유저들의 불매선언과 항의의 불길은 온라인을 넘어 오프라인까지 번졌다. 넷마블이 일본에서 개발된 게임을 현지화해 서비스 중인 모바일 게임인 〈페이트 그

---

[84]   SuperData, a Nielsen company, 〈2020 YEAR IN REVIEW〉, 2021.

랜드 오더〉의 유저들이 넷마블의 운영상의 문제점들을 문제 삼아 트럭시위[85]를 시작했고, 이런 시위가 넥슨의 〈마비노기〉와 〈메이플스토리〉, 엔씨의 〈리니지M〉 등에서도 이어졌다. 각각 문제가 발생한 원인은 다르지만 핵심적으로 공유하는 상황은 오랜 기간 동안 해당 게임들을 플레이하고 과금을 했던 유저들에 대한 푸대접, 심각한 오류와 누락이 발견되었음에도 여전히 불투명하고 불확실하게 게임을 운영하고 있는 것, 고객센터와 소비자 대응의 파행적 운영으로 소비자로서의 권리를 제대로 행사하지 못하고 있는 상황 같은 것들이다.

하지만 모두가 〈리그 오브 레전드〉를 만들 수 있는 것도 아니고, 새로운 게임을 만들고 팔아야 게임회사가 유지될 수 있다는 점을 생각해보면 갓겜들은 게이머들의 마음에는 들지언정 업계에는 꼭 그렇지만은 않다. 온라인의 경우에도 이른바 과금 유도가 심하지 않고 즐길 거리가 많은 게임이 갓겜이라고 불리지만, 제작진이 3개월짜리로 만들어놓은 콘텐츠가 일주일 만에 소모되는 일은 이미 흔하다. 계속해서 발생하는 개발비와 운영비를 충당하려면 돈을 벌어야 한다. 게다가 대부분의 갓겜들은 아마추어적 열정과 엄청난 과로와 무엇보다도 운이 맞아떨어져야 가능한 산물이다. 그리고 이렇게 등장한 갓겜은 게이머들의 기대수준을 높이고 그보

---

85   유저들이 돈을 모아 전광판이 설치된 트럭을 회사 앞에 보내 항의 메시지를 노출하는 방식의 시위.

다 못한 게임들에 대한 평가를 박하게 만든다. "왜 ○○ 같은 게임을 못 만드냐!"라는 불만은 수많은 게임회사가 계속해서 듣는 말이다. 이미 많은 갓겜을 만든 회사라 할지라도, 이 불만으로부터 조금도 자유롭지 못하다.

좋은 게임을 만들어서 양심적으로 서비스하면 된다는 주장은 일종의 "가드 불가 기술" 같은 것이다. 모든 창작이 성공적인 창작자란 존재하지 않는다. 게다가 문화산업 중에서도 산업에 더 큰 비중을 가지고 있는 게임 산업의 경우 실패는 회사의 존립과 직원들의 일자리를 위협한다. 게임산업이 고도화되고 체계화될수록 초창기와 같은 아마추어적인 열정과 실험정신이 비집고 들어갈 여지는 적어진다.

이런 것들을 게이머가 다 이해해줘야 할 필요는 없을 것이다. 그리고 어쨌거나 돈과 시간을 들여 즐겁기 위해 게임을 하고자 하는 이들에게 불쾌한 경험만을 전해준다면 그것이 굳이 존속해야 할 이유도 없다. 하지만 앞으로도 계속해서 게이머로서 게임을 즐기며 살아갈 것이라면 게임계의 미래에 대해서 생각해보는 것도 의미 없는 일은 아닐 것이다. 앞으로 어떤 게임을 어떤 방식으로 즐기게 될지는 게임을 만드는 사람들만큼이나 게임을 즐기는 사람들의 몫이기도 하기 때문이다.

게임을 만드는 사람들

2019년을 기준으로 한국의 게임산업 노동자는 8만 9157명이다.[86] 이 중 게임 제작 및 배급에서 일하는 사람이 3만 9390명, 게임 유통 업체(PC방, 아케이드 게임장)에서 일하는 사람이 4만 9767명이다. 이는 2019년 게임 산업 전체 매출의 86.4%(13조 4638억)가 제작 및 배급에서 나온다는 것을 생각할 때, 게임 제작 및 배급이 매우 고부가가치 산업임을, 다르게 말하면 매출 규모에 비해 고용을 적게 발생시키는 산업임을 말해준다.

2019년 제작 및 배급 업체의 성비는 남성이 70.3%, 여성이 29.7%로 나타났다. 경영과 관리 업무를 제외한 직종별 구성비는 개발이 61.1%로 가장 높았고, 디자인 17.2%, 마케팅/판매 8.0%, 서비스 11.0%, 시스템 2.7%였다. 또 정규직이 95.9%로 매우 높은 비중을 차지하고 있었다.

게임 제작 및 배급업체의 28.6%는 5인 미만 사업장이었고, 5~10인 미만이 20.8%, 10~30인 미만이 25.7%, 30~100인 미만이 15.1%, 100인 이상이 9.8%였다. 조사 대상인 게임업체 458개 중 294개의 업체가 모바일을 주력 플랫폼으로 개발하고 있었고, PC

---

86   이하 내용은 〈게임백서 2020〉 제4장 국내 게임산업 종사자를 기반으로 요약정리한 것이다.

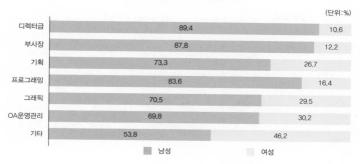

[표 3-4] 종사자 직군별 성비

(단위:%)

직군	남성	여성
디렉터급	89.4	10.6
부사장	87.8	12.2
기획	73.3	26.7
프로그래밍	83.6	16.4
그래픽	70.5	29.5
QA운영관리	69.8	30.2
기타	53.8	46.2

자료: 〈2020년 게임산업 종사자 노동환경 실태조사〉, 65쪽.

가 94개, 콘솔이 13개, 아케이드가 57개였다.

게임업계에서 일하는 노동자 중 50.4%는 30대이고, 29세 이하는 20.3%, 40대는 22.1%, 50세 이상은 7.3%였다. 20~30대가 70% 이상을 차지하는 젊은 산업군이다. 또 평균 재직인원의 80.8%가 4년제 대학교 재학/졸업이고, 15.1%는 전문대학 재학/졸업, 1.4%가 대학원 재학/졸업인 고학력 업종이다. 고졸 이하는 2.7%에 그쳤다.

〈2020년 게임산업 종사자 노동환경 실태조사〉[87]에 따르면 여성들이 가장 많이 속해 있는 직군은 "기타"(46.2%)였으며, QA운영관

---

[87] 한국콘텐츠진흥원, 〈2020년 게임산업 종사자 노동환경 실태조사〉, 2020. 이하의 데이터들은 해당 보고서를 참조한 것이다.

리(30.2%), 그래픽(29.5%), 기획(26.7%) 순이었다. 여성노동자들이 많이 분포해 있는 직군들은 낮은 연령, 짧은 근속년수, 낮은 임금 등이 특징으로 나타났다. 대표적으로 여성의 비율이 가장 높은 '기타' 직군의 경우 20대가 76.9%로 압도적이었고, 근속기간이 3년 미만인 경우가 84.6%에 달했으며, 300만 원 미만의 임금을 받는 경우가 69.3%, 400만 원 이상의 임금을 받는 경우는 아예 없었다.

게임회사는 좋은 일터일까?

〈2020년 게임산업 종사자 노동환경 실태조사〉에 따르면 게임 제작자들의 직업에 대한 만족도는 59.2점으로 나타났다. 큰 틀에서 주목할 점은 5인 미만 기업들이 근로시간, 임금·보수 수준, 워라벨(일과 삶의 균형), 복리후생의 모든 항목에서 가장 낮은 만족도를 보이고 있다는 지점이다. 앞서 살펴보았듯이 5인 미만 기업은 전체 게임회사의 28.6%를 차지한다. 직업 만족도는 전반적으로 기업 규모가 커질수록(300인 이상) 높아지는 추세를 띠었다. 조사대상자의 2.8%는 계약해지 또는 해고를 당한 경험이 있고, 가장 큰 이유는 프로젝트 중단 취소 종료(41.9%) 때문이었다. 또 4.8%는 임금체불을 경험했고, 게임업계 과로의 가장 큰 문제로 지목되

[표 3-5] 게임산업 노동환경 문제의 정도(종사자 특성별)

구분		낮은 보수	긴 노동 시간	고용 불안정성	근로 환경의 위험성	폭언 및 폭행	성희롱 및 성폭력	신규인력 채용감소	불투명한 미래의 커리어	게임 이용자들의 종사자 사상 검증
전체		55.9	56.7	54.4	36.2	31.2	29.1	49.4	49.1	46.0
성별	남성	55.8	56.4	54.5	34.9	30.2	27.4	49.5	50.1	45.2
	여성	56.0	57.9	54.1	40.7	34.7	34.5	48.8	45.8	48.6
직군	디렉터급(PD, AD, PM 등)	56.0	64.4	62.6	34.5	29.0	26.5	55.3	53.8	50.4
	부서장 (본부장, 실장, 팀장, 파트장)	58.7	59.5	63.3	34.8	24.1	21.0	52.3	51.8	50.6
	기획	53.1	54.1	47.9	35.1	33.9	31.3	46.7	47.0	43.5
	프로그래밍	57.4	60.5	57.8	37.1	31.6	28.8	51.2	50.0	46.3
	그래픽	56.7	56.7	54.8	38.2	32.7	30.3	48.6	49.8	46.0
	QA·운영·관리(CS)	55.7	54.8	50.5	35.5	32.0	31.0	47.7	47.3	43.2
	기타	63.5	75.0	57.7	36.5	36.5	30.8	51.9	53.8	53.8
게임 분야 경력	1년 미만	57.5	62.1	59.8	42.5	36.6	37.9	55.4	51.5	50.3
	1년 이상 ~3년 미만	52.7	53.1	45.9	37.9	36.6	34.8	47.1	44.1	42.4
	3년 이상 ~5년 미만	54.5	53.0	50.0	35.2	33.1	29.9	47.5	47.9	44.5
	5년 이상 ~10년 미만	56.3	59.4	56.1	36.4	29.2	27.7	49.6	50.0	46.1
	10년 이상	59.6	59.7	64.3	33.0	23.5	20.1	51.2	54.1	49.7
회사 규모	5인 미만	61.1	51.4	60.1	25.5	10.2	8.5	50.0	53.1	50.9
	5~49인	58.6	65.0	61.3	40.5	35.9	32.7	56.1	54.4	48.6
	50~99인	48.4	49.5	44.8	35.3	35.0	34.8	44.8	43.1	39.3
	100~299인	48.4	45.6	38.8	31.9	33.1	31.0	36.0	35.7	38.4
	300인 이상	53.8	51.4	45.8	41.2	36.8	36.2	41.2	43.6	44.2

자료: 〈2020년 게임산업 종사자 노동환경 실태조사〉, 162쪽

었던 크런치 모드,[88] 즉 게임의 출시를 앞두고 있거나 중대 결함이 발견되어 장시간 연장근무를 하는 경우가 있었다고 응답한 이들도 23.7%에 달했다.

전체 응답자의 92%는 건강문제를 겪고 있었으며, 두통/눈의 피로(57.3%), 윗몸의(상지) 근육통(52.4%), 요통(47.7%), 전신피로(47.3%), 수면장애(38.2%)가 가장 빈번한 증상이었다. 건강문제를 겪는 91.7%의 노동자가 이것이 업무와 유관하다고 판단하고 있었다.

게임 제작자들이 노동환경의 문제점으로 가장 주요하게 꼽은 것은 긴 노동시간(56.7%), 낮은 보수(55.9%), 고용불안정성(54.4%)이었고, 성별에 따라서 차이가 발생한 항목은 성희롱 및 성폭력(여성 +7.1%p), 근로환경의 위험성(여성 +5.8%p), 폭언 및 폭행(여성 +4.5%p), 불투명한 미래의 커리어(남성 +4.3%p), 게임 이용자들의 종사자 사상검증(여성 +3.4%p) 순이었다.

다른 조사를 살펴보자. 주요 IT기업 중 노동조합이 있는 4개사를 대상으로 이루어진 〈IT·게임산업 특징과 노사관계 과제 - 네이버, 카카오, 넥슨, 스마일게이트〉[89]에 따르면 먼저 임금 수준에서 넥슨의 경우에는 3000만 원 미만의 연봉을 받는 경우는 확인되

---

88   '쥐어짜다'라는 뜻의 영어단어인 crunch에서 유래했다.
89   김종진, 〈IT·게임산업 특징과 노사관계 과제 - 네이버, 카카오, 넥슨, 스마일게이트〉, 한국노동사회연구소, 2020.

[표 3-6] IT/게임 4사 직장생활 – 안정성 및 조직변화 인식　　　　　(단위: 0점~100점)

구분	감정 소진	직무 만족도	이직 의사	고용 안정성	조직 변화도	불확실성	동종업 경력	근속 기간
네이버	47.6	57.4	41.3	38.5	52.9	51.6	9년 2개월	4년 12개월
카카오	49.0	57.7	41.8	39.2	54.6	55.3	8년 2개월	4년 2개월
넥슨	57.2	52.3	41.1	27.6	62.2	61.9	9년 4개월	4년 9개월
스마일 게이트	55.7	51.0	42.6	32.9	57.5	54.2	9년 7개월	2년 10개월

자료: 〈IT·게임산업 특징과 노사관계 과제 – 네이버, 카카오, 넥슨, 스마일게이트〉, 6쪽.

[표 3-7] IT/게임 4사 직장생활 – 공정성 및 노사관계 인식　　　　　(단위: 0점~100점)

구분	분배공정성	정보공정성	인사관리역량	노사신뢰
네이버	47.9	48.2	32.4	32.6
카카오	41.8	50.8	32.4	34.5
넥슨	38.4	40.3	25.4	20.2
스마일게이트	41.0	44.6	30.5	31.0

자료: 〈IT·게임산업 특징과 노사관계 과제 – 네이버, 카카오, 넥슨, 스마일게이트〉, 6쪽.

지 않았으며, 4000만 원 미만의 연봉을 받는 경우가 9.1%였다. 스마일 게이트의 경우는 3000만 원 미만이 0.7%, 4000만 원 미만이 24.8%로 나타났다. 또 휴게시간을 제한당한 경험이 각각 19.6%와 19.7%로 법적으로 주어진 연차 휴가 등을 자유롭게 쓰지 못하는 문화가 여전히 존재하는 것으로 나타났다.

넥슨과 스마일 게이트의 노동자들은 일하는 과정에서 겪는 감정소진의 정도를 각각 57.2점, 55.7점으로 응답했으며, 고용안정성에 대한 전망에서는 각각 27.6점과 32.9점으로 낮게 보고 있었다. 공정성과 노사관계에 대한 인식을 묻는 설문에 대해서도, 두 회사 노동자들의 응답은 긍정적이지 않았다. 분배공정성, 정보공정성, 인사관리역량, 노사신뢰에 대해 넥슨의 노동자들은 각각 38.4점, 40.3점, 25.4점, 20.2점, 스마일 게이트는 41.0점, 44.6점, 30.5점, 31.0점을 주었다. 분배나 정보의 공정성에서도 낮은 평가를 매겼지만, 회사의 인사시스템과 경영진에 대한 신뢰가 눈에 띄게 낮은 것을 볼 수 있다.

구로의 등대, 그 후

다시 〈2020년 게임 산업 종사자 노동환경 실태조사〉로 돌아가 보자. 조사 결과는 긍정적인 면들을 많이 보였다. 높은 정규직 비율, 낮은 해고와 임금체불, 주 최대 노동시간을 68시간에서 52시간으로 축소한 근로기준법 개정안 시행 이후로 짧아진 평균 노동시간과 줄어든 크런치 모드, 전망에 대한 긍정적 인식 같은 것들이 조사에서 드러났다. 이제 게임업계가 한국의 다른 산업들에 비해서 더 열악하다고 보기는 어렵다. 최근 넥슨, 엔씨, 크래프톤, 넷마블 등 게임계의 거대 기업들이 일괄적으로 수백에서 수천에 달하는 연봉인상을 단행한 것도 인상적이다.

하지만 여전히 문제점들도 보인다. 직군별로 처우의 차이가 심하고, 프로젝트 중단 후 대기발령 인력들에게는 원치 않는 전환배치나 퇴사가 강제되는 것 역시 그대로다. 표면적인 노동시간은 줄었지만 오히려 노동시간에 포함되지도 않는 시간외 노동이 은근히 늘고 있다는 증언도 있었다. 또 게임업계의 규모나 매출에 비해 노동자들에게 분배되는 수준이 너무 낮고, 보상체계가 공정하지 않다는 불만도 컸다. 기업 간의 양극화가 심각해지고 있고, 중소기업이 대기업에 비해 문제가 더 많고 근무환경도 열악하며 이것이 업계의 미래를 어둡게 할 것이라는 예측도 많았다. 실제로 노동환경에 대한 문제의식은 기업의 규모가 작을수록 커지는 경향을 보였다.

흥미로운 것은 〈IT·게임산업 특징과 노사관계 과제 – 네이버, 카카오, 넥슨, 스마일게이트〉를 보면 노조가 있는 두 회사의 노동자들이 '노조의 효과성'에 높은 점수를 주었다는 것이다. 넥슨은 노조의 효과성에 82.6점을 주었고, 스마일 게이트는 80.9점을 주었다. 이는 게임업계의 노조결성이 실제로 게임업계 노동환경의 변화를 이끌어 내는 데에 큰 역할을 했기 때문으로 보인다.

그러나 게임업계의 노동자들은 여전히 조직의 필요성에 소극적이다. 다시 〈2020년 게임 산업 종사자 노동환경 실태조사〉에 따르

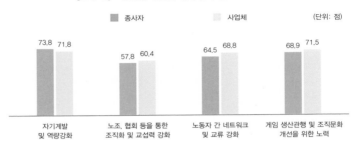

[표 3-8] 노동환경 개선을 위해 종사자들이 노력할 점

■ 종사자   □ 사업체   (단위: 점)

	자기계발 및 역량강화	노조, 협회 등을 통한 조직화 및 교섭력 강화	노동자 간 네트워크 및 교류 강화	게임 생산관행 및 조직문화 개선을 위한 노력
종사자	73.8	57.8	64.5	68.9
사업체	71.8	60.4	68.8	71.5

자료: 〈2020년 게임산업 종사자 노동환경 실태조사〉, 207쪽.

면 게임업계의 노동자들은 노동환경 개선을 위해 필요한 노력으로 '자기계발 및 역량 강화'를 '노동자 간의 교류와 조직화'나 '생산관행 및 조직문화 개선'보다도 더 중요하게 꼽았다. 심지어 조직화나 교류와 관련해서는 사업체가 생각하는 중요도가 노동자들의 중요도보다도 높게 나타났다. 이런 고양이 쥐 생각 같은 아이러니한 일이 일어나는 것은 게임업계의 노동자들이 스스로를 노동자로 여기지 않는 풍토가 강하기 때문이다.

가령 같은 조사에서 노동환경 개선을 위해 정부가 노력할 점을 묻는 질문에 게임업계 노동자들은 '중소개발사, 스타트업 제작비 지원' '규제완화' '투자유치확대' '공정거래 질서 확립' '해외 진출 지원 및 판로 개척'과 같은 것들을 '종사자 처우 개선 및 권익강화'보다 더 중요하게 꼽았다. 경영자들이 걱정해야 할 문제들이 노동자들의 가장 중요한 근심이 된 배경에 대해 보고서는 "그만큼 게임업계가 단지 '노동자'들로만 구성된 것이 아니라 사업가, 예술가, 기술자 등 다양한 정체성을 가진 인력들이 유연하고 자유롭게 모여 형성된 생태계"[30]라는 점을 드러낸다고 분석한다. 이는 게임 산업이 '열정노동'[31]의 속성을 강하게 가지고 있음을, 다시 말해 '나는 하고 싶은 일을 하기 때문에 노동자가 아니'라는 인식이 존재한다는 것을 보여준다. 하지만 스스로가 자신을 무엇으로 규정하든 간에, 회사에서 돈을 받고 일하지만 경영진이나 임원이 아닌 이들은 노동자다. 이 기술적이고 단순한 정의를 복잡하게 만들면서 일하는 사람을 노동자가 아닌 무엇으로 만드는 것이 오늘날 자본주의의 중요한 노동통제 방식이다. "자기계발 및 역량강화"가 중요하다는 응답이 언제나 자신을 성장시키는 멋진 전문가처럼 느껴질 수도 있겠지만, 고용과 노동 중 발생할 수 있는 여러 문제를 '자기 탓'으로 여기는 착취하기 좋은 일꾼일 뿐일 수도 있다.

장시간 야근과 불안정한 고용환경으로 "구로의 등대" "판교의 오징어배"[32] 같은 별명을 갖고 있었던 게임업계의 노동환경은 몇 년 사이에 포괄임금제 폐지, 크런치 관행 개선, 노동시간 단축 등을 통해 비교적 짧은 시간 동안 많이 개선되었다. 하지만 이 개선은

---

[30] 〈2020년 게임산업 종사자 노동환경 실태조사〉, 207~208쪽.

[31] 자세한 내용은 최태섭·한윤형·김정근, 《열정은 어떻게 노동이 되는가》, 웅진지식하우스, 2011을 참조할 것.

[32] 다른 회사들이 모두 퇴근하고 불이 꺼진 시간에도 게임회사들에는 여전히 사람들이 남아 야근을 하고 있는 일이 자주 발생했기 때문에 붙은 별명이다.

그냥 이루어진 것이 아니다. 2016년 넷마블에서는 두 명의 노동자가 연이어 과로로 사망했고, 한 명의 노동자가 스스로 목숨을 끊었다.[93] 이 죽음에 대해 게임업계의 노동자, 시민사회, 노동계, 진보정당 등이 나서 문제를 제기하고 개선을 위해 싸웠다. 그리고 이런 싸움이 없었다면 업계가 알아서 자정되었을 가능성은 없다고 봐도 무방하다. 게임업계는 기업의 사회적 의무를 자발적으로 이행한 적은 거의 없었다. 오로지 강제에 준하는 압력이 있을 때에나 부랴부랴 자구책이라는 이름의 미봉책을 제시해왔다.

게다가 이런 빠른 변화가 가능한 데에는 게임 산업이 계속해서 성장하는 산업이라는 조건이 작용하고 있다. 하지만 노동의 문제가 본격적으로 시작되는 것은 언제나 그 산업이 위기에 봉착할 때이다. 자본주의의 역사는 당대의 가장 잘나가는 '힙'한 산업들이 위기가 닥쳐오자 자신들이 고용한 '인재'들을 재앙이라도 되는 듯 몰아붙이며 쫓아내던 역사이기도 하다. 지금까지 게임업계가 보여준 모습들에 따르면 준비 없이 맞이하는 업계의 위기가 높으신 분들이 아니라 일하는 사람들의 잔혹극이 될 확률은 가챠보다는 훨씬 더 높다.

---

93 「넷마블 게임 개발자 과로사, '크런치 모드' 산재 첫 인정」, 이유진 기자, 〈경향신문〉, 2017년 8월 3일자.

억울하다는 말 대신
게임회사가 해야 할 일

　게임 산업은 짧은 시간 동안 눈부신 수준의 급속성장을 이뤘다. 그러나 그 규모에 걸맞게 사회적 책임을 다하고 있느냐고 물어본다면 어떨까? 최근 게임업계가 이른바 ESG(환경·사회·지배구조, Environmental, Social, and Governance)경영을 강화하겠다며 관련 기구를 신설하는 등의 움직임을 보이고 있지만, 게임업계는 언제나 이런 변화에 늑장으로 대응해왔다. 매년 기업들의 ESG종합등급을 평가해 발표하는 한국기업지배구조원에 따르면 2020년 게임업계 중에서 이 지표에서 가장 높은 등급을 받은 것은 B+를 받은 엔씨소프트였다. 주요 게임사들은 대부분 B등급이었고, 넥슨지티의 경우 C등급이었으며, 환경에 대한 대응에서는 모든 게임사가 D등급을 받았다.[94]

　위정현 한국게임학회장은 한 인터뷰에서 한국의 게임사들이 ESG 이전에 사회적 가치나 책임을 의식하지 않고 운영되어왔다고 지적했다. 게임 산업이 다른 산업에 비해서도 사회적 갈등의 정점에 서 있음에도 불구하고, 게임의 가치를 재고하고 사회적 가치를

---

[94]　다만 ESG의 평가기준이나 그 자체에 대한 회의적인 시각도 존재하고 있다. 「"ESG는 사기일 가능성이 높다, 왜냐하면…"」, 전혜원 기자, 〈시사인〉 2021년 08월 24일자.

창출하는 데에 전혀 적극적이지 못했다는 것이다. 3N을 중심으로 문화재단을 설립하는 등 사회적 활동을 하고 있지만, 게임사의 규모에 비해서는 터무니없이 작은 규모인데다, 그 방향성도 모호하다는 지적이다. 특히 코로나19로 인해 수혜를 입은 몇 안 되는 산업임에도 게임업계가 충분히 기여 가능한 부분, 예컨대 비대면 교육이나 소통관련 기술지원, 콘텐츠와 관련된 부분들에서도 전혀 고민이 없었다는 것이다.[95]

물론 게임사들의 입장에서도 이유가 없는 것은 아니다. 위정현 교수가 2019년 발표한 논문에서 게임관련 학계, 산업계, 언론계의 전문가들을 대상으로 진행한 설문에 따르면 문화체육관광부의 게임 규제와 진흥정책에 대한 전문가들의 평가는 평균 60점을 밑돌았고, 특히 게임 이미지 개선에 대한 정책에 대해 5점 만점에 1.97점이라는 가장 낮은 점수를 매겼다.[96] 게임에 대한 규제와 진흥이 엇박자로 존재하는 가운데, 수많은 사회문제의 원인을 걸핏하면 게임이라고 몰아세우는 일이 반복되다보니 정부에 대한 업계의 신뢰가 형성될 수 없었던 것이다.

하지만 이런 사정을 감안하더라도 게임업계의 입장은 종종 지

---

[95] 「게임업계, ESG 경영은 커녕 사회공헌 고민조차 없어」, 이태웅 기자, 〈뉴스퀘스트〉, 2021년 4월 9일자.

[96] 위정현, 〈정부의 게임산업 정책 효과에 대한 평가 분석 – 문화체육관광부의 게임 규제와 진흥정책을 중심으로〉, 《Journal of Korea Game Society》 2019 Dec, 19(6).

나치게 반사회적이다. 가령 게임업계 일각에서는 지금도 최대노동시간 상한조정이나 포괄임금제 폐지에 대해서 공개적으로 불만을 제기하고 있다. 하지만 이 조치들은 한국이 여전히 세계적으로 손에 꼽힐 정도로 지나치게 길게 일하고(2019년 기준 1967시간, OECD 2위), 사람들은 불행하기 때문에(2018~2020 행복도 평균 5.85점, OECD 37개국 중 35위), 이를 타개하기 위해 벌인 지난한 투쟁 끝에 이뤄낸 합의다. 이런 이유를 떠나서라도 사람은 충분히 잠을 자고 쉬어야 하며, 일을 시켰으면 그에 합당한 대가를 지불해야 한다. 이런 당연한 이야기들에서 게임만 예외가 되어야 할 이유는 없으며, 그래서도 안 된다.

  기업의 사회적 책임의 시작은 세금을 제대로 내고, 위법이나 불법을 저지르지 않고, 환경오염과 관련된 규제들을 충실하게 이행하고, 노동법을 지키는 것이다. 오늘날 많은 기업이 이런 가장 기본적인 책임조차 제대로 이행하고 있지 않기 때문에 사회적으로 물의를 일으키고 있으며, 거기에는 게임업계의 일부분도 속해 있다. 하지만 여기에서 끝나는 것이 아니다. 애초에 기업은 혼자서 성장하지 않는다. 안정적으로 기업을 유지하는 데는 수많은 것이 필요하다. 치안과 사회적 신뢰, 예측 가능한 경제 시스템, 인재를 육성하는 교육, 합리적이고 부패하지 않은 정부, 공공의 이익을 대변하고 갈등을 조정하는 정치 등등. 한국사회가 이런 조건들에서 얼마나 이상적인지는 모르겠지만, 적어도 게임 산업이 발전하기 위해 필요한 수많은 인프라와 소비시장이 존재하지 않았다면 15조의 시장은 성립조차 할 수 없었을 것이다. 그러니 '내가 잘나서 돈을 많이 벌었는데 그걸 왜 국가가 이래라저래라 하는가'라는 생각은 일차원적인 아집에 지나지 않는다. 무엇보다도 사회가 무너지고 나면 게임을 위해 돈 쓸 사람도 남아 있지 않을 것이다.

4장.

게임은

새로운

희생양인가

게이머의 50가지 그림자 :
게이머는 위험한 사람들인가?

많은 범죄영화나 범죄드라마에서 게이머를 위험한 존재로 묘사해왔다. 또 실제 흉악범죄를 저지른 많은 이들이 폭력적인 게임을 플레이했다며 게임과 폭력성 간의 연관성을 강력하게 주장하는 언론이나 일부 전문가도 있었다.

다른 한편으로, 게이머는 어두컴컴한 방에서 번쩍이는 화면을 쳐다보며 게임에만 열중하는 오타쿠, 너드, 루저로 그려지기도 한다. 또래들이 연애, 학업, 스포츠로 청춘을 불태울 때 방에 틀어박혀 게임만 하는 '찌질한' 사람들이라는 식이다.

정말로 게이머들은 잠재적 강력범죄자이자 사회적 루저일까? 앞서 살펴봤듯이 게임을 하는 사람의 범위는 최소 3.9%에서 최대 70%에 달한다. 사실 이런 주장을 하는 사람들이 억지를 써왔다는 것도 이제는 제법 알려졌다. 〈MBC 뉴스데스크〉에서 게이머들의 폭력성을 시험해보겠다며 갑자기 PC방 전원을 차단해버린 일이 대표적이다.[37] 데이브 그로스먼Dave Grossman과 크리스틴 폴슨Kristine Paulsen이 쓴 《살인세대》[38]는 미국에서 벌어진 총기난사 사건들과 비

---

37   〈MBC 뉴스데스크〉, 2011년 2월 13일 방영분.

디오게임의 폭력성을 강하게 연결시킨다. 심지어 저자들은 미국의 소위 '남부식 총기문화' 같은 것들보다 게임이 대량살상 범죄의 직접적인 원인이라고 주장한다. 내가 서점에서 이 책을 뒤적거리다가 읽은 부분에서는 〈파워퍼프 걸〉[99] 같은 애니메이션 역시 아이들로 하여금 폭력의 역치를 낮춘다는 주장이 한창이었다. 하지만 내가 정말 놀랐던 것은 저자의 이력이었다. 데이브 그로스먼은 예비역 중령으로 미군에서 오랜 기간 복무했던 심리학과 군사학 전문가다. 매일같이 전 세계에서 전쟁을 벌이고 인명을 살상하는 미국의 군대와 넘쳐나는 총기가 아니라, 게임과 〈파워퍼프 걸〉 때문에 청소년들이 총을 들고 친구들을 살해한다고 주장하는 데 이르려면 얼마나 많은 것들을 건너뛰어야 할지 궁금해질 수밖에 없다.

물론 언제나 이런 억지주장만 있는 것은 아니다. 게임과 폭력성이 정적인 관계를 주고받는다는 연구들이 심심치 않게 등장하기 때문이다. 하지만 대체로 조명받지 못하는 쪽에서는 영향이 없거나 미미하다는 연구결과도 만만치 않은 빈도로 등장한다. 과학이 언제나 공명정대하지 않다는 것은 과학발전의 역사를 돌이켜보면 얼마든지 발견할 수 있는 사실이다. 또 원하는 결과가 나왔을 때와 그렇지 않았을 때 연구자는 물론이고 관련 학계나 언론의 반응이

98   데이브 그로스먼·크리스틴 폴슨,《살인 세대》, 오수원 옮김, 열린책들, 2019.
99   카툰네트워크의 인기 아동 애니메이션으로, 초능력을 가진 3명의 소녀가 악당들에 맞서 도시를 지키는 이야기를 그린다. 귀여운 캐릭터 디자인과 코믹한 내용으로 많은 인기를 누리고 있다.

달라질 수도 있다.

두 명의 심리학자가 집필한《모럴컴뱃》[100]은 게임이 온갖 악행의 기원이라고 주장하는 이들에 대한 본격적인 반론이다. 가장 직접적으로는 총기난사범 중 약 20%만이 이른바 폭력적 비디오 게임을 플레이했으며, 이는 미국의 또래 남자 고등학생의 70%가 폭력적 비디오게임을 습관적으로 플레이한 것과 대조적이다. 또 저자들은 게임을 통해 분비되는 도파민의 양이 페퍼로니 피자 한 조각을 베어 물 때 발생하는 수준에 지나지 않는다며, 이것을 약물 등의 중독과 같이 다루는 것이 부적절하다고 주장한다.[101]

한편, 〈게임이 사용자의 공격성·사회성·정서에 미치는 영향: 메타분석 연구〉[102]는 관련된 주제로 수행된 연구들을 수집해 메타분석한 논문이다. 메타분석의 장점은 개별 연구가 대체로 적은 수의 사람들을 대상으로만 진행되며 연구진의 연구 가설과 해석에 따라 결과에 대한 평가가 크게 달라질 수 있는 데 반해, 대량의 샘플을 연구함으로서 이런 개별 연구의 편향들을 희석시킬 수 있다는 것이다. 연구진은 2008년부터 2019년까지 진행된 연구 중 22개, 8031명에 대한 연구들을 수집해 게임과 공격성, 사회성, 정서

---

[100] 트릭 M. 마키·크리스토퍼 J. 퍼거슨,《모럴컴뱃》, 나보라 옮김, 스타비즈, 2021. 책의 제목은 출시 당시 엄청난 인기와 함께 폭력성 논쟁에 휩싸였던 게임인 〈모털컴뱃〉의 패러디다.

[101] 「게임 탓? 이제 그만! 적절한 시기에 나온 '모럴 컴뱃'」, 김재석 기자, 〈TIG〉, 2021년 7월 30일자.

[102] 이은하 외, 〈게임이 사용자의 공격성·사회성·정서에 미치는 영향: 메타분석 연구〉,《감성과학》 제23권 4호, 2020.

에 미치는 영향들을 분석했다.

연구진은 다음과 같이 결론 내린다. "본 연구에서는 지난 10년간 보고된 선행연구를 대상으로 (폭력적) 게임 참여 또는 게임의 폭력성이 사용자의 심리적 구인에 미치는 영향에 대한 다변량 메타분석을 실시했다. 그 결과, (폭력적) 게임 참여 또는 게임의 폭력성은 대체로 공격적 행동 및 인지를 강화하는 경향을 나타내나 우려할 만한 수준은 아니었다. 아울러 (폭력적) 게임의 효과는 아동보다 청장년에게서, 남녀의 비율이 균등하게 통제된 연구보다 남성의 비율이 더 높은 연구에서, 방법론적 질이 높은 연구보다 방법론적 질이 낮은 연구에서 더 크게 나타났다."[103]

즉 게임과 폭력성 사이의 관계는 없지는 않지만 유의미한 영향을 미치는 정도로 관측되지는 않았으며, 아이들이 영향을 많이 받는다는 기존의 관점과는 달리 오히려 청장년에게서 크게 관측되었고, 연구에 남성 대상자가 많을수록, 그리고 방법론이 허술할수록 영향이 크게 나타났다는 결론이다. 또 연구진은 기존 연구들이 "폭력적 게임"이 무엇인지도 제대로 정의하지 않았으며, 어떤 장르의 어떤 게임인지조차도 명시되지 않은 경우가 많았다는 점을 지적했다.[104]

---

103 같은 글, 56쪽.
104 같은 글, 57쪽.

〈온라인 비디오 게임 사용과 사회성 연구의 주요 쟁점에 관한 문헌고찰〉[105]이라는 논문에서는 게이머들이 사회성이 높지 않을 것이라는 가설에 대해 진행된 여러 해외 연구를 소개하고 있는데, 여기서도 가설은 기각된다. 연구들에 따르면 게임 안에서 맺게 되는 인간관계들이 사회성을 낮추는 것이 아니라 오히려 자극하고 활성화시키는 방식으로 작동하며, 이 인간관계들 역시 사회적 지지와 유대감을 제공하고 결과적으로 사회적 역량을 증가시킨다는 결과가 더 많이 도출되었다.[106]

이런 연구결과들이 이야기하는 바는 게임이 엄청나게 훌륭한 취미생활이고, 그것만 하면 인생이 탄탄대로를 걷게 될 것이라는 게 아니라, 그것이 동네 친구들과 축구를 하는 것이나 바둑을 두는 것과 크게 다르지 않은 평범한 취미라는 사실이다. 즉 게임을 한다고 해서 특별히 더 범죄자가 되거나 은둔형 외톨이가 될까 봐 걱정할 필요는 없다는 이야기다.

---

105 신민정·이경민·유제광, 〈온라인 비디오 게임 사용과 사회성 연구의 주요 쟁점에 관한 문헌고찰〉, 《인지과학》, 31(3), 2020.
106 같은 글, 59~61쪽.

중독으로서의 게임

"게임이용장애Gaming disorder의 정의는 인터넷을 통한 온라인이나 오프라인에서 지속적이거나 반복적으로 행해지는 디지털 또는 비디오게임 행동의 패턴으로 규정할 수 있으며, 그 증상은 다음과 같다. 첫째, 게임이용자들의 게임에 대한 조절력 상실을 들 수 있고 둘째, 게임이 다른 삶의 관심사나 일상 활동보다 우선시되는 정도까지 개인의 인생에서 차지하는 비중이 커지는 것. 셋째, 이로 인해 생활에 있어 부정적인 결과가 발생함에도 멈추지 않음으로써 행동 패턴이 개인적, 교육적, 직업적 또는 다른 중요한 생활의 영역에서 중대한 장애를 일으킬 만큼 심각한 상태를 말하고, 이러한 증상이 12개월 동안 계속될 경우이다(WHO, 2019)."[107]

2019년 세계보건기구WHO가 게임이용장애를 정식질병코드에 등재하면서 한국 게임계도 한바탕 술렁거렸다. 많은 게이머들은 이에 반발하며 반게임 세력이 게임을 질병으로 몰고 있다고 주장했다. 이것을 기반으로 게임 산업에 이런저런 부담을 지우며 '돈'

---

[107] 최호진·전종우, 〈게임 질병코드 도입에 따른 게임 이용장애인에 대한 낙인효과: 일반인의 자아개념과 문화 차원의 성향을 중심으로〉, 《헬스커뮤니케이션연구》 제19권 제2호, 2020, 131쪽.

을 뜯어내고, 게임에는 검열과 금지를, 게이머에게는 '중독자'라는 사회적 낙인을 찍으려는 시도라는 것이다.

전문가들 사이에서도 의견이 통일되고 있지는 않다. 정신건강의학과 전문의인 이해국 가톨릭의대 교수는 한 인터뷰를 통해 게임이용장애는 일상생활 기능의 심각한 장애가 발생한 상태를 의미하기에 유병률이 1~3%에 그칠 것이고, 게이머들이 우려하듯 심각한 문제는 나타나지 않을 것이라는 견해를 밝혔다. 또 이 결정은 과학적인 연구와 전문가들의 토론을 통해 진행된 것이며, 장기추적연구들에서 중독성 질환의 인정 조건의 핵심인 '도파민 회로의 이상'이 여러 건 보고되었기 때문에 이루어진 것이라고 설명했다.[108] 문제는 게임 자체의 좋고 나쁨이 아니라, 게임을 병적으로 사용하고 있는 상태에 대한 의학적 명명이며, 게임업계에 비용과 책임을 물리려는 시도가 아니라, 게임에 대한 과도한 집착으로 건강문제를 겪는 이들을 위한 보건체계와 전문가들의 책임 있는 반응일 뿐이라는 것이다.[109]

반면 한국심리학회회장을 역임했던 조현섭 총신대학교 중독재활상담학과 교수는 "게임중독을 질병으로 규정해 의료적으로 접근할수록 개입과 치료가 힘들어진다. 원인이 불분명한 중독 문

---

108 「게임사용장애 질병분류, 과학적 근거에 기반한 결정」, 이정환 기자, 〈의협신문〉, 2019년 6월 11일자.
109 「게임사용장애, 게임의 좋고 나쁨이 핵심 아니다」, 강현구 기자, 〈의약뉴스〉, 2019년 5월 20일자.

제는 심리·사회적으로 접근하는 게 더 효과적이며, 이는 전 세계적인 추세이기도 하다"고 주장한다. 원인과 치료방법이 불분명하고 특별한 치료법도 없는 게임중독 문제를 치료하기 위해서 아이들을 정신과에 보내는 것이 최선일 수는 없다는 주장이다.[110] 한국콘텐츠진흥원이 발간한 〈2020게임이용자 임상의학 코호트 연구〉에서는 102명을 대상으로 임상의학적 연구를 통해 게임이용장애와 관련된 연구를 진행했는데, 게임이용장애의 고위험군으로 분류되는 이들에게서 주의력결핍과잉행동장애ADHD와 거의 유사한 특성들이 나타난 것으로 보고되고 있다. 구체적으로는 지능은 대조군과 비교해서 차이가 없었지만, '처리 속도'가 많이 느려져 있고, 해부학적으로는 뇌에 유의미한 변화가 없었으나, 뇌의 종적 연결성의 증가가 감소한 반면 횡적 부분 연결성이 증가되어 있었다는 것이다.[111] 이를 바탕으로 연구진은 지금까지 게임중독으로 알려진 증상이 사실은 ADHD에 의해서 발생하고 있을 가능성을 제기하고 있다.[112]

질병코드 도입이 낙인효과를 강화할 것이라는 연구결과도 있다. 〈게임 질병코드 도입에 따른 게임이용장애인에 대한 낙인효과: 일반인의 자아 개념과 문화 차원의 성향을 중심으로〉[113]라는

---

[110] 「[인터뷰]한국심리학회장 "게임중독, 의사 치료가 답 아냐"」, 김나리 기자, 〈아이뉴스24〉, 2019년 12월 2일자.

[111] 한국콘텐츠진흥원, 〈2020 게임이용자 임상의학 코호트연구〉, 2020.

[112] 같은 글, 「요약문」.

[113] 최호진·전종우, 〈게임 질병코드 도입에 따른 게임 이용장애인에 대한 낙인효과〉.

논문에서 코드 도입이 게임이용장애를 가진 이들에게 갖는 낙인 효과를 측정해본 결과, 남성에 비해 여성이, 또한 연령이 높을수록 낙인 인식이 강했고, 게임이용장애 질병코드 등록에 찬성하는 사람들의 낙인 인식이 크게 나타났다. 이는 질병코드 도입이 어려움을 겪는 사람들에 대한 사회적 낙인효과를 강화하는 효과를 넘어서 게임이용자 전체에도 부정적인 영향을 줄 수 있다는 것이다.

또 〈게임이용장애 질병분류가 게임이용자의 태도와 게임의향에 미치는 효과〉[114]에 따르면 질병코드 도입이 일반적인 게임 이용자들의 게임 관련 수요를 낮추는 반면, 질병코드를 도입해도 잠재적 문제 집단에게서는 게임을 그만둘 의향이 나타나지 않았다. 즉 게임이용장애의 질병코드 도입이 문제없는 집단에게만 영향을 미칠 뿐, 정작 도움이 필요한 집단에게는 별다른 영향을 끼치지 못할 것이며, 오히려 스트레스만을 가중시킬 수 있다는 것이다. 또 연구진은 이 주제를 다루고 있는 언론기사들이 "자기 통제력이 있어서 특별히 걱정할 필요가 없는 게임사용자들에게만 집중적으로 효과가 발생"하고 있으며, "막상 보호되어야 할 대상(잠재적 문제 집단 등 중독성향이 강한 집단)의 치료와 사회적 관심을 이끌지 못"하고 있다는 점도 지적한다.[115]

114 김석환·한상훈·김보라·강형구, 〈게임이용장애 질병분류가 게임이용자의 태도와 게임의향에 미치는 효과〉, 《벤처창업연구》 15(4), 2020.

115 같은 글, 290쪽.

게임 때문에 사는 데 어려움을 겪는 사람이 있을 것이다. 하지만 그 사람이 겪는 어려움이 게임 그 자체 때문만은 아닐 것이다. 한 예로 〈도피이론을 통한 청소년 게임 과몰입 영향모델 분석〉[116]에 따르면 (청소년의) "학업스트레스의 증가가 자존감을 낮추고, 낮아진 자존감이 자기통제를 역시 감소시키며, 낮아진 자기통제가 게임 과몰입을 증가시키는"[117] 것으로 나타나고 있다. 이미 알코올이나 마약 등의 중독도 중독물질 그 자체보다는 중독을 유발하는 환경과 유전적 기질 등의 영향이 크다는 이야기가 오래전부터 있어왔다.

하지만 동시에 중독되기 쉬운 특성이 일부 게임에 존재하는 것도 분명하다. 게임은 반복적인 보상체계가 핵심이라는 점에서 도박과 유사한 면을 갖고 있다. 그러므로 게임 이용에 어려움을 겪는 사람에게는 게임 그 자체에 대한 치료적 관점과 동시에, 그 사람이 안고 있는 다른 문제들에 대한 접근이 병행되어야 한다. 하지만 지금 한국사회에서 이 문제가 논의되는 층위는 이런 것이 아니라, 자식을 둔 부모를 대상으로 하는 공포장사의 재탕이다. 이미 자녀가 게임을 너무 많이 하는 것은 아닌지, 게임을 그만두고 공부를 할 수는 없는지가 불안거리인 학부모들에게, 당신의 자녀가 게임중독이라는 무시무시한 질병에 걸렸을 수도 있다며 아직 의학적인 근

---

116 이대영·이승제·정의준, 〈도피이론을 통한 청소년 게임 과몰입 영향모델 분석〉, 《Journal of Korea Game Society》 2020 Apr, 20(2).
117 같은 글, 9쪽.

거도 제대로 마련되지 않은 검사와 치료를 받아야 한다고 종용하고 있는 것이다.

이 논쟁에는 과학적 연구결과들에 대한 서로 다른 해석, 관련 학계들과 전문가들이 각자 가지고 있는 이해관계, 게임업계와 관련한 정부부처들의 입장 등이 복잡하게 얽혀 있다. 그리고 지금까지 드러나는 양상은 총체적으로 촌극이라 평할 만하다. 한쪽에서는 '게임은 문화'라고 주장하며 사회 저명인사와 전문직 종사자도 게임을 하고 있다는 좀스러운 광고를 내보내고 질병코드 도입으로 인한 경제적 손실에 대해서만 떠벌리기 바쁘다. 다른 한쪽에서는 자녀의 게임중독을 치료할 수 있다는 광고를 내건 한의원과 병원이 부모들의 불안과 공포를 자극한다. 여기 어디에도 게임이용장애로 고통받고 있는 사람들에 대한 고민은 보이지 않는다.

"우리를 그냥 내버려 두라!"

게임이용장애의 질병코드 등록에 대해 적어도 온라인상에서 자신을 드러내며 의견을 내고 있는 게이머들이 거세게 반발하고 있다는 것은 이미 얘기했다. 하지만 동시에 이런 의문이 생긴다. 왜 게이머들은 이 문제에 이토록 반발하고 있는가? 더 나아가 게이머들은 사회에 무엇을 요구하고자 하는가?

게이머들에게 원하는 것이 무엇이냐고 물어본다면 대부분의 게이머는 '우리를 가만히 놔두'라고 말할 것이다. 이는 게임 산업은 게이머들이 원하는 게임을 만들고, 게이머들은 원하는 게임을 원하는 방식으로 원하는 만큼 하는 상태를 의미한다. 게이머들이 종종 게임의 위상을 높이려 노력하는 것도 결과적으로는 이 목적을 위해서다.

여기에는 게이머 집단에게 가해졌던 부당한 편견과 사회적 낙인의 역사에서 기인한 피해의식이 있다. 앞서 살펴본 것처럼, 게이머는 루저, 잠재적 범죄자, 사회부적응자, 기분 나쁜 오타쿠 같은 선입견들에 오랫동안 시달려왔다. 게이머들의 아이콘이었던 프로게이머 임요환을 데려다 놓고 "PK(게임에서 남의 캐릭터를 죽이는 행위)를 하면 정말로 사람을 죽이고 싶으냐"고 물었던 KBS 〈아침마당〉[118] 사건을 비롯해, 전 세계의 언론과 종교계, 교육계, 학부모에게 게임은 아이를 망치는 주적처럼 인식되어왔다.

여기에는 게임이 갖고 있던 편리한 특성들이 있다. 역사가 짧았던 게임은 젊은 층에서 주로 즐기고 기성세대들은 그게 뭔지 잘 모르는 '세대구분적인 취미'였기 때문이다. 잘 모르기 때문에 쉽게 악마화할 수 있다는 것은 사회적 혐오를 연구하는 많은 연구자가

---

118   KBS 1TV 〈아침마당〉 2003년 7월 21일 방영분.

공통적으로 지적하는 바다. 게다가 책을 읽거나 공부를 하는 대신에 하루 종일 게임기나 컴퓨터 앞에 매달려 있는 자녀를 바라보는 부모들의 불만과 공포는 이런 왜곡된 인식을 쉽게 받아들일 수 있는 편향된 배경을 형성하기에 충분했다.

또 청소년의 비행, 일탈, 강력범죄 등이 사회적 이슈의 전면에 떠오를 때마다 '어른들의 사회'는 그것의 원인을 게임, 음악, 만화, 영화 같은 청소년이 즐기는 대중문화들에서 찾고자 했다. 여기에는 아주 오래된 정치적 술책이 작동하고 있는데, 대중의 관심을 끄는 문제들의 책임을 표피적이고 엉뚱한 곳으로 돌리는 것이다. 청소년들이 제대로 된 환경에서 돌봄을 받으며 성장할 수 있었는지, 제대로 된 권리를 보장받았는지, 어려움을 겪을 때 도움을 받을 수 있었는지 같은 문제들을 점검하는 대신에 청소년들의 비행과 일탈, 강력범죄 등은 온전히 개인의 타락이고 그 타락을 만들어낸 것은 대중매체라는 결론을 내리는 식이다.

자신이 좋아하는 취미가 매도당하는 것을 즐거워할 사람은 누구라도 없을 것이다. 그러니 게이머들의 분노는 일견 당연하다. 게다가 이 취미가 위험한 방식으로 도시를 누비며 교통을 방해하거나, 엄청난 소음공해를 일으키거나 하지도 않고, 그저 집에서 가만히 앉아 손가락을 까딱거릴 뿐이라는 점에서 더 그렇다.

어디까지 내버려 둘 수 있을까?
: <킹덤 컴: 딜리버런스>의 경우

하지만 좋아하는 것을 좋아하는 방식으로 즐기도록 놔두라는 요구는 어디까지 정당화될 수 있을까? 가령 사악한 흑인들의 불온한 책동에 맞서는 KKK단의 용맹함을 찬양하는 영화[119]를 오로지 영화로만 봐야 한다는 주장은 들어줄 수 있을까? 서사를 가진 모든 매체에는 크든 작든, 의도적이든 아니든 이데올로기와 프로파간다가 깃들 수밖에 없다는 사실은 매체연구의 오래된 상식이다. 심지어 나는 '그런 것'과 무관하다는 주장이나 제스처야말로 가장 강력한 '그런 것'들의 산물이라는 점도 말이다.

물론 누군가가 <테트리스>에서 이데올로기나 프로파간다, 성차별을 읽어냈다고 주장한다면 우리는 그의 강박증에 대해서만 걱정해주면 될 일이다. 하지만 여성 캐릭터들이 모조리 상황에 전혀 맞지 않는 끈이나 천 쪼가리 같은 것을 옷 대신 걸치고 등장하는 게임에 대해서도 '네가 예민한 것일 뿐'이라고 퉁치고 넘어가면 되는

---

[119] 데이비드 와크 그리피스David Wark Griffith가 1915년에 개봉한 영화 <국가의 탄생>은 토머스 딕슨 주니어Thomas F. Dixon Jr.의 소설 《Clansman》을 각색한 것으로, 초기 영화사에서 기술적으로 중요한 성취를 이룩한 작품으로 꼽힌다. 하지만 KKK단을 영웅시하는 내용에다가, 백인 배우들의 얼굴에 검댕을 칠하고(이른바 블랙페이스) 어리석고 음흉한 흑인들을 연기하게 하는 등 개봉 당시에도 큰 논란에 휩싸였다.

것일까? 또 할리우드 영화가 백인이 아닌 사람들을 비열한 방식으로 정형화하는 것이 문제라면, 게임에서 묘사되는 사람들에 대해서도 마찬가지로 생각해야 하는 것은 아닐까?

하나의 사례를 살펴보자. 워호스 스튜디오Warhorse Studio가 개발하고 2018년에 출시한 〈킹덤 컴: 딜리버런스〉는 1403년 보헤미아 왕국의 프라하 근교지방이 배경인 중세RPG 게임이다. 주인공인 헨리는 스칼리츠 마을의 대장장이의 아들로 아버지를 돕고 친구들과 술을 마시며 주점의 아가씨와 연애를 하고 있는 평범한 평민이다. 게임은 평범한 중세의 일상을 살던 헨리가 마을의 은광을 노리고 나타난 왕위찬탈자 지기스문트와 그의 쿠만인[120] 군대의 습격을 받으면서 본격적으로 시작된다. 헨리의 부모는 헨리가 보는 앞에서 쿠만인들에게 살해당했고, 마을은 쑥대밭이 되었다. 이들의 추격으로부터 겨우 도망친 헨리가 부모님의 복수를 하기 위해 중세시대의 보헤미아왕국을 누비는 것이 게임의 주요 스토리다.

이 게임의 특징은 실제로 일어난 1403년경 보헤미아 왕국의 왕위 찬탈전쟁을 배경으로 삼았다는 것이다. 신성로마제국의 카를 4세가 죽고 그의 아들 벤체슬라스가 독일과 보헤미아 왕국의 왕위에 올랐으나, 주색에만 몰두하는 무능한 왕이었다. 그러자 동생인

---

120 킵차크 초원과 동유럽에 걸쳐 유목생활을 했던 투르크계 유목민족.

지기스문트가 왕위를 찬탈하려고 벤체슬라스를 납치하고, 왕국 내부의 친벤체슬라스파 영주들을 굴복시키기 위해 내전을 치렀던 것이다. 제작진은 당시의 건축, 기술, 생활상을 정교하게 재현하려고 많은 노력을 기울였고, 게임 안에는 그것을 위한 백과사전이 따로 준비되어 있을 정도다.

이처럼 이 게임은 집요하리만치 고증에 집중했고, 게이머는 그래서 처음에는 좀 답답하지만, 적응하고 나면 정말로 중세를 누비고 있는 것 같은 기분을 만끽할 수 있다. 이 세계는 정말로 잘 재현되어 있기에, 농노는 농노 같고, 귀족은 귀족 같으며, 여자는 여자 같고, 이방인의 군대는 이방인의 군대 같다. 하지만 정말 그런가?

이 게임은 몇몇 주요 웹진으로부터 등급부여를 거부당했다.[121] 이에 대해 호주의 웹진 소시지 롤Sausage Roll[122]의 다이앤 앤더스Dianne Anders는 「분노한 미디어가 지금까지 만들어진 최고의 게임 중 하나를 거의 망쳤다」[123]라는 기사를 통해 이 상황을 강도 높게 비난했다. 저자는 이 게임이 보여주는 플레이의 다양성에 감탄하며, 유명 웹진들이 이 게임이 1400년대 보헤미아를 제대로 재현하느

---

[121] 이에 대한 자세한 이야기는 유튜브 채널 '모험러의 새로운 모험'의 〈급발진한 게임 언론들이 역대 가장 위대한 게임 중 하나를 거의 망쳐놓았다 - 킹덤컴 이야기〉 영상을 참조할 것.

[122] https://www.sausageroll.com.au/

[123] 「Outrage media almost ruined one of the greatest games ever made」, Dianne Anders, 〈Sausage Roll〉, 2019년 11월 5일자.

라 유색인종이나 트랜스젠더를 제외했다는 이유로 이 게임을 인종차별과 퀴어포비아 게임으로 낙인찍었다고 비판했다. 그는 이 게임이 현존하는 최고의 RPG 게임 중 하나라며 이런 이유 때문에 게임을 비난하는 것이 터무니없다고 주장한다.

그렇다면 앤더스가 비난한 기사를 살펴보자. 웹진 록 페이퍼 샷건Rock Paper Shotgun의 안드레아스 인더윌디Andreas Inderwildi는 「〈킹덤 컴: 딜리버런스〉의 역사적 정확성에 대한 탐구는 바보의 심부름이다」라는 제목의 리뷰를 썼다. 인더윌디는 이 글에서 〈킹덤 컴〉이 보여주는 이른바 역사적 고증이라는 것이 누락하고 있는 것들에 대해서 이야기한다. 이 게임에서 중세 보헤미아 왕국은 모든 것이 문제없이 각자가 자신의 몫에 만족하며 사는 것처럼 보인다. 하지만 이 게임은 어떤 전형성의 틀 안에 모든 것을 가둬놓았고, 삶의 일부 측면들은 완전히 배제되고 있다. 이 게임에는 아이들이 없고, 비순응주의적 이탈자들의 자리도 마련되어 있지 않으며, 광신도와 잔학한 이방인인 쿠만족을 제외하고는 보헤미아 왕국에 역사적으로 존재했던 이질성을 드러내는 표지는 아무것도 존재하지 않는다. 이는 역사적으로도 비슷한 시기에 연이어 일어났던 1419~1434년의 거대한 농민반란이자 종말론적 이교도들의 전쟁인 '후스파 전쟁'을 생각했을 때 과연 정확한 묘사인지 의문을 갖도록 만든다. 즉 이 게임은 역사를 고증했다고 주장하지만, 그것은 어디까지나 재현하는 자의 관점이 반영된 또 하나의 왜곡된 판본일 뿐이라는 것이다. 그러나 이 게임은 건축, 기술, 무기 등을 정밀하게 재현하는 것을 통해 자신의 주장이 역사적 사실이라고 믿도록 만들고 있으며, 이데올로기를 대놓고 표방하지는 않지만 전형성들에 사실성을 부여하는 방식으로 낡은 이데올로기들을 옹호하는 효과를 가져온다는 것이다.[124]

〈킹덤 컴〉을 비판한 또 다른 기사를 보자. 유로게이머Eurogamer의 로버트 퍼시스는 「〈킹덤 컴: 딜리버런스〉 리뷰 – 역사는 양날의 칼이다」[125]에서 이 게임은 중세 역사에 대한 가장 사실적인 모험이라고 운을 뗀다. 또 전투 시스템과 무기 시스템에는 진짜 중세에 대한 상세한 고증과 그에 대한 자세한 설명이 곁들여져 있다고 이야기한다. 전반적으로 저자는 이 게임의 시스템은 조금 과한 면이 있어도 흥미로운 경험을 제공한다고 본다. 하지만 문제는 역시이 게임이 표방하는 역사적 현실주의다. 제작진은 자신들의 고증에 의하면 1400년대 보헤미아 왕국에 유색인종들이 있었다는 증거는 없다고 주장했지만, 실제 역사가 중에는 그런 주장에 의문을 제기하는 이들이 많다. 나아가 이 게임의 제작자인 다니엘 바브라 Daniel Vávra가 게이머게이트[126]의 열성적인 지지자였으며, 인종차

---

124 「Kingdom Come Deliverance's quest for historical accuracy is a fool's errand」, Andreas Inderwildi, 〈Rock Paper Shotgun〉, 2018년 3월 5일자.

125 「Kingdom Come: Deliverance review – history is a double-edged sword」, Robert Purchese, 〈Eurogamer〉, 2018년 2월 20일자.

126 이에 대해서는 뒤에서 자세히 살펴볼 것이다.

별주의자이며 살인자인 노르웨이의 뮤지션 버줌Burzum의 티셔츠를 입은 적이 있기에 이런 해명을 곧이곧대로 받아들이기 어렵다고 말한다. 그뿐 아니라 이 게임에서 여성과의 섹스는 다분히 전리품적인 메커니즘으로 다뤄지며, 이 게임의 백과사전에서는 당시의 인기 있는 여성상이 "긴 금발에 작고 둥근 가슴, 비교적 좁은 엉덩이와 좁은 허리를 가진 가늘고 창백한 여성"이라고 친절하게 알려주기까지 하고 있다. 필자는 이 게임이 615년 전 중세시대의 낡은 가치관들에 도전하는 대신에 그것을 즐기고 있는 것 같다고 말한다. 이 낭만화되고 이상화된 과거를 추천하기는 어렵다는 것이 글의 결론이다.

〈킹덤 컴〉과 관련된 논쟁은 여러모로 잭 스나이더 감독의 영화 〈300〉을 떠올리게 한다. 이 영화는 기원전 480년에 있었던 테르모필레 전투를 배경으로 한다. (지금의) 그리스를 침공한 페르시아의 크세르크세스 1세의 대군에 맞서는 스파르타의 레오니다스 왕과 300명의 결사대의 활약을 그린 영화다. 이 영화는 독특한 액션 연출과 배우들의 열연으로 전 세계적으로 흥행에 성공했지만, 동시에 영화가 묘사한 페르시아의 모습과 관련해 전형적인 오리엔탈리즘과 타자화라는 비판도 들었다. 이 영화에서 크세르크세스 1세는 요란한 장신구와 복장을 하고 기괴한 몸짓을 하는 우스꽝스러운 모습으로, 페르시아의 군대는 마법적이고 미신적인 힘을 가진 얼굴 없고 잔혹한 이방인으로 그려진다. 반면 투지에 넘치는 스파르타의 백인 병사들은 갑옷도 입지 않은 채 근육질로 단련된 몸에 창과 방패만 들고 페르시아의 대군과 마지막까지 맞서 싸운다. 심지어 레오니다스 왕을 배신하고 페르시아 군에게 우회로를 알려준 배신자는 장애가 있어서 왕의 군대에 들어가지 못한 것에 앙심을 품은 자다. 즉 이 영화는 두려움을 모르는 근육질의 백인 남성 군대가(여자들은 이 영화에서 거의 존재하지 않는 것으로 그려진다) 유색인종이면서 미신적 힘으로 무장한 침략자들에 용맹하게 맞서다 장애인의 배신으로 죽음을 맞이하는 영화다. 이는 당대에 페르시아 지역과 펠로폰네소스 반도 지역이 인종적으로 큰 차이가 없었으며, 페르시아는 당대 가장 발전된 나라 중 하나였다는 역사적 사실을 왜곡하고 있다. 그런 역사적 사실을 떠나서도 이 이야기가 구성되는 동안 아무도 이상함을 느끼거나 이의를 제기하지 않았다는 점만으로 충분히 문제적이다. 감독이나 제작진이 여기에 특정한 정치적 고려를 조금도 하지 않았다고 해도, 영화가 개봉한 2009년이라는 시대의 맥락에서 보면 위험하고 미신으로 가득 찬 침략자인 아랍인의 이미지를 강화하는 데 기여하지 않았다고 볼 수 있을까?

만약 인종주의가 우리사회에서 여전히 먼 이야기로 느껴진다면 2021년 3월에 있었던 SBS의 드라마 〈조선구마사〉와 관련된 논란을 떠올려보자. 이 드라마는 태종 이방원과 그의 아들들인 양녕대군, 충녕대군(세종)을 주인공으로 내세웠는데, 그들이 조선에 창궐한 좀비와 맞서 싸운다는 내용이었다. 그러나 이 작품은 방영과 거의 동시에 역사를 왜곡하고, 위인들의 명예를 더럽혔으며, 중국자본을 업고 한국의 전통을 훼손하고 있다는 이유로 강렬한 비난에 직면했다. 그 때문에 방영 2회 만에 모든 투자자가 철수하고 방영이 종료되었으며, 제작진, 작가, 출연배우는 물론이고, 심지어 작가의 전작에 출연했던 주연배우들마저 비난에 시달리는 상황에까지 다다랐다. 이 난리의 취지에 동의를 하든 하지 않든 간에 한국 사회에서 미디어에 요구되는 책임은 매우 엄중한 것이다. 좀비 떼가 창궐하는 조선에서 왕과 왕자들이 악마와 싸우는 이야기에 역사적 고증이 문제가 된다면, 그 어떤 것도 자유로울 수 없는 것 아니겠는가?

이미 게임계에도 게임이 특정 사상, 사이트, 인물 등과 연계되어 있다는 이유로 유저들의 항의를 받고 수정과 사과를 거듭한 긴 역사가 있다. 그러니 이 게임이 얼마나 끝내주는지를 역설하는 것은 이미 게이머들이 하고 있는 일과도 전혀 맞지 않을뿐더러, 게임만 이런 재현의 윤리로부터 자유로워야 한다는 것은 어불성설이다. 〈킹덤 컴〉이 중세를 다룬 다른 게임들보다도 더 가혹한 평가를 받은 것은 이 게임이 스스로 역사를 재현한다고 표방하기 때문이다. 〈킹덤 컴〉은 1인칭 시점의 체험이라는 아주 강력한 몰입 방식을 통해 분명히 각색되고 번안되었을 이야기를 사실이라고 주장하고 있다는 점에서 어쩌면 기존 역사왜곡 콘텐츠들보다도 더 문제적인 영역을 건드리고 있는 것이다.

'대체 게임을 하는 데 1400년대 보헤미아 왕국의 역사와 인종다양성과 가부장제에 대한 논쟁까지 해야 한단 말인가'라고 생각할지도 모른다. 실제로 이 리뷰들은 게임의 성공에 엄청난 영향을 끼치지는 않은 것 같다. 2018년에 발매된 이 게임은 꾸준한 인기를 끌며 2020년 6월에는 300만 장 이상의 판매고를 올렸다. 하지만 이런 문제제기는 가치 없고 과도한 것일까? 또 제작자가 인종차별이나 성차별과 관련해서 의문스러운 행보를 보여왔다는 점은 이 게임과 완전히 분리될 수 있는 문제일까?

이름하야 "PC"

2021년 2월 11일 구글, 아마존, 나이키, 마이크로소프트, 페이스북, 애플 등 이름만 들으면 누구나 알 수 있는 거대기업들을 포함한 68개 기업이 공동성명을 발표했다. 이 성명은 LGBTQ, 즉 성소수자를 부당하게 배제하고 차별하는 연방 혹은 주 단위의 법안들에 반대한다는 메시지를 담고 있었다. 성명서에서 이들은 "우리와 일하거나 우리와 거래하는 모든 사람이 온전히 포용되고 환영받는다고 느끼길 바라기 때문에, 다양성과 포용성을 강력하게 지지한다"고 말했다.[127] 여기에 이름을 올리지는 않았지만 디즈니, 워너 브라더스, 넷플릭스 등의 거대 미디어그룹 역시 자신들의 작품에서 소수자들의 대표성을 높이고 기존의 차별적 표현과 클리셰들을 계속해서 수정해가고 있다. 2020년 5월 흑인남성 조지 플로이드가 경찰의 폭력에 의해 사망하고 'Black Lives Matter'[128] 시위가 미국 전역에서 벌어졌을 때 워너미디어가 운영하는 OTT 서비스인 HBO MAX에서는 20세기의 중요한 명작으로 일컬어지는 1939년 영화〈바람과 함께 사라지다〉가 인종차별을 미화한다는 이유로 스트리밍을 중단시켰다가, 최근에 경고영상을 포함해 다시 서비스하고 있다.[129]

기업들이 앞 다투어 인권전도사 역할을 자임하는 것은 크게 두 가지 측면이 있다. 하나는 그간 기업들에 인권문제에 대한 사회적 책임을 요구해온 NGO들과 활동가들, 그리고 국제적 시민사회의 압력이다. 좀 더 결정적인 다른 하나는 역시나 비즈니스 때문이다. 과거 할리우드는 세상을 구하는 백인 남자들의 이야기를 다른 나라에서 볼 수 없는 스펙터클로 포장해서 전 세계에 팔았다. 그러나

---

127 〈Human Right Campaign〉Business Statement on Anti-LGBTQ State Legislation
https://www.hrc.org/resources/business-statement-on-anti-lgbtq-state-legislation?fbclid=IwAR2dc1QsmuKbaZxfX8KP1SzUZmlgMDEcy3re1qkK6pFpXQJyEP2vYKC-AWg

128 흑인의 목숨도 소중하다는 뜻으로 내세운 문구.

129 참고로 HBO는 수위 높은 폭력과 성적 묘사가 넘쳐나는 성인용 드라마들로 인기를 얻은 드라마 제작사다. 〈왕좌의 게임〉〈섹스 앤 더 시티〉〈트루 블러드〉〈소프라노스〉등이 대표작이다.

정보통신기술의 발달로 세계는 과거에 비해 훨씬 더 가까워졌고, 잠재적 고객은 과거에 비해 폭발적으로 늘어났으며, 거기에는 서구 선진국에 살지 않는 비백인이 압도적으로 다수다. 백인 남자 주인공이 사악한 유색인종 악당을 물리치고 추앙받는 영화를 함부로 만들었다간 세계 어떤 구석의 역린을 건드리게 될지 알 수 없는 시대가 되었다. 무엇보다도 이런 이야기는 전 세계인이 심드렁해 할 만큼 많이 반복되어왔다. 오늘날 헐리웃에서 생산되는 작품 중 상당수가 과거 헐리웃 작품들에 대한 뒤집기와 풍자를 담고 있다. 가령 2019년에 개봉해 한국에서 1000만 관객을 넘겼던 실사 영화 〈알라딘〉은 1992년 개봉했던 동명의 애니메이션을 과감하게 비틀었다. 2019년작 〈터미네이터: 다크 페이트〉 역시 전작들의 핵심이었던 설정들을 모조리 비틀다시피 하면서 유색인종과 여성을 앞세운 새로운 스토리를 선보였다. 2000년대 이후 최고의 인기였던 슈퍼히어로 무비들도 성과 인종 면에서 더 다양한 히어로들을 선보이려 노력하고 있다.

이것이 정말로 소수자의 인권을 신장시키는 데 도움이 되는지는 다소 회의가 존재한다. 왜냐하면 지금은 비록 돈과 소수자의 인권이 같은 편이지만, 예전처럼 이것이 반대편에 서 있다고 판단되면 기업들은 언제든지 방향을 틀 수 있기 때문이다. 게다가 세계적인 기업들은 지금 이 순간에서도 세계 곳곳에서 은밀하게 사람들의 인권을 유린하고 있다. 그러니 옛날에 백인이 하던 일을 비백인

이 하고, 몇몇 비백인 부자가 생겨난다고 해서 기업이 갑자기 유니세프가 되는 것은 아니다.

그럼에도 지금 이 순간 이것이 거스르기 어려운 경향인 것만은 분명하다. 이 경향을 명명하기 위해 가장 보편적으로 사용되는 개념은 '정치적 올바름Political Correctness', 소위 PC다.[130] PC는 1980년대 미국의 진보적 대학가에서 시작해 1990년대에는 대중에게 퍼졌다. 다문화주의를 기반으로 성, 인종, 계급, 나이, 장애, 국적 등을 비롯한 모든 차원의 차별을 철폐하려는 목적을 갖고 있으며, 이 과정에서 기존의 언어체계와 미디어에서 소수자를 비하하거나 차별하는 부분들을 찾아서 수정하는 식의 방식을 많이 활용했다. 기독교에서 신을 '아버지'로 부르는 것에 문제를 제기하거나, 장애와 관련된 수많은 비속어들을 쓰지 말자고 제안하거나 하는 식이다. PC와 같은 흐름이 있기 전의 이른바 '정상인'들의 언어생활이란 알게 모르게 차별을 랩퍼처럼 내뱉는 것과 다르지 않았던 것도 사실이다. 따라서 단순히 그런 것들이 하나도 문제되지 않았던 시절로 돌아가고 싶을 뿐이라면, 그 사람은 진짜 차별주의자이거나 적어도 자신이 차별받는 경험이나 가능성에 대해서 별 고민 없이 살아온 속편한 사람인 것은 분명하다.

---

130 자세한 내용은 강준만, 《세계문화사전》, 인물과사상사, 2005의 'PC' 항목을 참조. 네이버 지식백과 재인용.

하지만 PC는 진보적인 이들 사이에서도 모두에게 환영받지는 못했다. 많은 지식인은 PC가 차별의 본질적인 부분이 아니라 표피적인 부분(즉 언어와 이름)에만 천착하고 있다고 비판했으며, PC를 옹호하는 이 중 일부가 펼쳤던 교조적이고 검열에 가까운 주장들에 대해서도 부정적이었다. 문제를 어떻게 해결할 것인가에 대해서 충분한 토론이나 의사소통도 하지 않고 상대방을 일단 차별주의자로 몰고 보는 것은 그다지 현명한 처사가 아님은 분명하다. 차별을 없애려 노력하는 것과 내가 다른 사람(그러니까 차별하는 사람)보다 우월한 존재라는 사회적 망상에 빠지는 것은 전혀 다른 일이지만, 현실에서는 종종 그 두 가지가 함께 존재하는 불행한 상황이 벌어지곤 한다.

첫 번째 라운드: '팬보이' VS PC

어쨌거나 이런 경향에 비판을 넘어 과도하게 반발하는 이들은 당연히 존재한다. 차별이 있는 것은 차별적인 제도와 차별하는 사람들이 있기 때문이고, 당연히 그들에게 이런 경향은 달갑지 않을 것이기 때문이다. 근본주의적인 종교인들, 극우정치세력과 지지자들, 겸허함을 모르는 기득권층, 자신의 고통과 분노의 희생양을 찾는 사람들이 그렇다. 그리고 놀랍게도 오늘날 이른바 PC에 반대하는 가장 시끄러운 이들 중 하나는 온라인 커뮤니티들을 중심으로 모여 있는 영화, 애니메이션, 게임의 팬인 남성들, 이른바 '팬보이Fan Boy'들이다.

　장르와 작품별로 개별적인 주장과 사건사고는 천차만별이지만 공유하는 기본적인 논리들은 유사하다. 첫째로 PC, 사회적 소수자들에 대한 차별적인 표현을 없애고 그들의 대표성을 더 확대하라는 요구는 이들에게 '검열'이다. 이것이 검열인 이유는 '표현의 자유'를 억압하기 때문이다. 표현의 자유에 대한 논쟁은 전문가들 사이에서도 복잡하기로 유명하다. 세상에는 표현의 자유를 억압받는 소수자와, 표현의 자유를 핑계로 소수자를 억압하는 혐오주의자가 동시에 존재하기 때문이다. 전자의 권리를 위해서 힘겹게 열어놓은 길이 후자의 정당화 논리로 사용되는 일이 부지기수다. 또 전자에 해당하는 사람들도 소수자에 대한 혐오표현은 사회적으로 규제되어야 한다는 입장과, 규제 자체가 결국 억압이며 얼마든지 오용될 수 있다고 보는 입장으로 나뉜다. 그러나 팬보이들이 주장하는 표현의 자유는 예의 '우리를 놔두라'는 주장과 동일하다. 즉 게임의 표현에 대한 어떤 사회적 요구도 하지 말라는 것이다.

　게임에 대한 비판이나 비평의 수위나 질이 언제나 고른 것은 아니다. 여전히 게임 자체가 악이라고 보는 사람도 있고, 게임에서 성과 폭력에 대한 묘사를 모두 금지해야 한다는 사람도 있다. 여러 가지 이유에서 세상을 수도원으로 만들고 싶은 사람들과 단체들 그리고 국가들이 있다. 실제로 세계에서 가장 큰 게임시장인 중국은 문화콘텐츠를 담당하는 국가신문출판광전총국을 통해 새로운 게임을 발매하는 것부터, 세부적인 표현 수위까지 매우 강도 높은 검열을 시행하고 있다. 2021년 7월에는 중국 관영 매체인 신화통신에서 발행하는 〈경제참고보〉에서 게임을 "정신적 아편" "전자 마약" 등으로 지칭하며 강도 높은 규제를 주장하는 기사가 나왔는데, 이것만으로도 중국의 대표적 게임회사인 텐센트와 넷이즈의 주가가 10~14% 하락한 바 있다.[131] 이 기사는 이후 삭제되었지만, 게임 이용에 대한 중국정부의 규제는 점점 강력해지고 있고, 이에 텐센트는 중국정부의 압박에 대한 선제적 조치[132]로 심야 시간대에 청소년들이 게임 이용을 하는 것을 막기 위해 성인인증을 위한 안면인식 시스템을 도입하기까지 했다. 그럼에도 중국정부는 모든 청소년들이 금, 토, 일에 걸쳐 하루 한 시간(오후8~9시)만 게임을 이용하게 하는 조치를 강행했다.

중국의 게임검열은 자국을 넘어서 세계시장에도 강력한 영향을 끼치고 있다. 대만의 게임사 레드캔들 게임즈에서 만든 〈환원: Devotion〉은 시진핑 주석을 풍자하는 요소가 들어가 있다는 이유

131 「"게임은 아편" 게임주 폭락시킨 中관영매체 기사…결국 삭제」, 김은빈 기자, 〈중앙일보〉, 2021년 8월 3일자.
132 「텐센트, 미성년자 게임 '셧다운'에 얼굴인식 기술 쓴다」, 김윤희 기자, 〈ZDNET〉, 2021년 7월 8일자.

로 중국 네티즌들의 격렬한 항의를 받았고, 스팀을 비롯한 주요 게임 상점 모두에서 판매중지처분을 받았다. 블리자드는 자사의 전략적 카드 게임인 〈하스스톤〉 대회 도중 홍콩의 저항운동을 지지하는 메시지를 외친 프로게이머 '블리츠청Blitzchung'에게 중징계를 내려 비중국인 게이머들의 비판을 받았다. 세계에서 1~2위를 다투는 중국의 게임시장은 북미를 비롯한 전 세계 게임사들에게 외면할 수 없는 존재다. 오늘날 중국이 시장을 통해 펼치는 글로벌한 검열은 중국에 대한 왜곡이나 차별적 시선에 대한 항의를 넘어서서 표현의 자유를 위협하는 수준까지 다다랐다.

종교와 정치가 분리되어 있지 않은 일부 국가에서도 비슷한 일이 발생한다. 그 외에도 여러 가지 이유로 많은 나라가 북미지역에 비해 훨씬 빡빡한 기준들을 갖고 있다. 그중에는 일관성 있고 합리적인 기준도 있지만, 그렇지 않은 것들도 많다. 즉 게임에 대한 검열 자체는 허상이 아니라 존재하는 현상이다.

하지만 이런 검열과 게임에서 드러나는 사회적 차별을 개선하라는 요구는 전혀 다른 성격의 것이다. 검열은 그것을 강제할 수 있는 권력이 전제되는 것이지만, 소수자라는 개념의 뜻과 용례를 생각해본다면 이들에게 그런 권력이 없다는 것을 쉽게 유추할 수 있을 것이다. 물론 많은 소수자 담론이 유엔UN이나 인권을 다루는 국제/국내의 기구들, 헌법, 시민단체 등에 의지하고 있다. 하지만 이 역시 이들이 사회적으로 취약한 처지에 놓여 있고, 모든 사람이 평등하게 대우받아야 한다는 대의에 호소하는 것만이 현실적으로 가능한 전략이기 때문이지, 저 기구들이 엄청난 권력을 가지고 세계를 쥐락펴락하고 있기 때문이 아니다.

가령 흑인이자 게이였던 고든 벨라미Gordon Bellamy는 백인과 이성애자의 세상에서 이중의 차별을 겪으며 살아왔으나, 젊은 시절 EA가 개발한 미식축구게임인 〈존 매든 풋볼John Madden FOOTBALL〉을 즐기면서 잠시나마 해방감을 느꼈다. 1995년에 하버드 공대를 졸업한 그는 다짜고짜 EA에 입사지원서를 냈고, 회사 담당자들에게 끊임없이 전화를 걸어댄 끝에 EA에 입사해 〈매든〉 시리즈를 개발하는 부서에 배치되었다. 그러고 나서 그가 한 일은 이 게임의 새로운 시리즈에 흑인들을 표현하는 것이었다. NFL 선수의 상당수가 흑인들이었지만, 게임은 기술적 한계와 관습적 게으름 때문에 선수들의 피부색을 하얀색으로 표현하고 있었던 것이다. 〈매든 NFL 95〉가 출시되었을 때에서야, 게임에서 드디어 흑인을 볼 수 있게 되었다. 그는 당시 주요 스포츠 게임에서는 흑인들을 전혀 볼 수 없었다며 이런 시도 자체가 도발적인 일이었다고 말했다. 그리고 이일에 대한 소회를 다음과 같이 밝혔다.

"소외된 사람들은 자기 존재를 정당화하려고 많은 힘을 쓰니까, 나란 존재가 기본으로 포함되어 있다면 뜻깊은 일이에요. 그것은 중요하죠."[199]

게임에 대한 검열이 잘못되었다고 주장하기 위해서는 어떤 것이 표현의 자유를 억압하는 부당한 검열이고, 어떤 것이 논의해볼만한 이야기인지 정도는 구분할 수 있어야 한다. 그리고 그 구분 속에서의 토론을 통해 합리적 기준을 만들어가는 것이 업계와 팬 모두를 위해 필요한 일이다. 그러나 현재 게임계의 대응은 이 두 가지를 그냥 모두 '검열'로 퉁치고 있는 것에 가깝다. 여기서 일어나는 한 가지 얄궂은 일은, 게이머들이 '내 맘대로 게임할 권리'를 외치며 검열에 분노할 때 그것이 권력에게는 별다른 타격이 되지 못하지만, 소수자들에게는 그렇지 않다는 것이다. 그래서 게이머에게는 같은 검열에 대한 저항이지만, 결과적으로는 소수자에 대한 사회적 차별에 동참할 뿐인 결과가 벌어진다는 것이다.

두 번째 논리는 과도한 PC가 게임을 망친다는 주장이다. 많은 게이머가 PC나 페미니즘이 무엇인지 잘 모르지만, 뭐가 과도한지는 알 수 있는 신묘한 판단력을 갖추고 있다는 것은 놀라운 일이다. 여하튼 이들의 주장은 게임을 좋아하지도 않고 잘 모르는 이들이 정치적인 목적으로 게임계에 들어와 '감 놔라 배 놔라' 하고 있고, 이들이 억지로 욱여넣는 PC 때문에 게임들이 재미없어지고 있다는 것이다.

각 장르의 영화들과 마찬가지로 게임도 범죄, 폭력, 섹스 같은

---

133 넷플릭스 〈하이스코어〉 4화 '게임기 전쟁'.

금기시된 것들을 간접적으로 체험하면서 대리만족을 주는 기능을 갖고 있다. 애초에 게임을 하면서 설교를 듣고 싶은 사람은 없고, 그건 나 역시도 마찬가지다. 게임은 다양한 서사들을 전달할 수 있지만, 모든 게임이 사회정의와 차별을 다룬다면 누구라도 질려버릴 것이다.

하지만 PC가 게임의 재미를 망치기 위해서는 어떻게 해야 할까? 등장하는 모든 캐릭터가 비백인이고 성소수자라고 한들, 〈슈퍼마리오〉가 재미없어질 수 있을까? 내 캐릭터를 흑인 동성애자 여성으로 만들 수 있다는 사실이 〈몬스터헌터〉에서 빼앗을 수 있는 재미란 대체 무엇일까? 사실은 모두가 게임 캐릭터와 자신을 동일시하며 'OOO은 나야. 둘이 될 수 없어'라고 생각하고 있었단 말인가? 그렇다면 폭력적인 게임이 모방 범죄를 낳는다는 주장에 대해, '게이머들에게는 판단력이 있으며, 게임을 한다고 해서 그것을 모방하고 싶어지는 건 아니'라는 유구한 방어논리는 어떻게 되는 것일까?

게다가 이런 동일시가 문제라면 게임은 실질적으로 그동안 수많은 사람들을 배제하고 있었다는 자백을 하는 것이나 마찬가지다. 2020년에 이런 문제에서 가장 많이 입방아에 오르내렸던 게임은 단연코 너티독Naughty Dog의 〈라스트 오브 어스 파트 2〉(일명 〈라오어 2〉)일 것이다. 이 게임은 내외적으로 할 이야기가 무척 많기 때문에 지금은 이른바 PC와 관련된 소란에 대해서만 이야기하자. 이 게임은 출시 이후 평론가들의 극찬과 엄청난 적대감을 드러내는 유저들 사이에서 극단의 평가를 받았다. 그리고 결과적으로는 2020년에 가장 많은 고티(Game of the Year, 올해의 게임상)와 이런저런 상을 받은 게임이 되었고, 그중에는 유저가 뽑은 최고의 게임도 다수 포함되어 있다. 하지만 여전히 유명 게임 스트리머들과 커뮤니티에서는 이 게임에 대한 저주를 내뱉는 모습을 쉽게 볼 수 있다. 이 게임에 대한 논란은 크게 두 축인데, 하나는 이 게임의 플롯이 전작과 그것을 즐기며 감동을 받았던 플레이어들을 완전히 배신하고 있다는 것이고, 다른 하나는 이 게임의 주요 등장인물의 상당수가 여성, 비백인, 성소수자 캐릭터라는 점이다. 이 중에 PC의 문제로 접근할 수 있는 것은 후자인데 논의에서는 전혀 구분되지 않고 있다.

많은 게이머들이 〈라오어 1〉은 훌륭한 게임이었으나 〈라오어 2〉는 PC 때문에 망한 게임이라고 주장했다. 〈라오어 2〉에서 우리가 플레이하는 주인공들은 모두 10대 후반의 여성캐릭터지만 그 캐릭터들은 모두 그간 게임에서 흔히 등장했던 여성 캐릭터로서의 전형성을 벗어나 있다. 전작의 주인공이었던 엘리는 레즈비언이고, 이번 작에 새롭게 등장한 애비는 흔히 말하는 여성적 매력과는 거리가 먼 근육질의 몸을 가지고 있다. 그리고 둘 모두 생존과 자신의 목적을 위해서 잔혹한 폭력을 행사하는 데 거리낌이 없는 숙련된 전사들이다. 게다가 이 게임은 노골적인 폭력과 섹스를 다루고 있음에도 그것들을 즐길 수 없도록 디자인되어 있다. 게임은 주인공과 악당을 간편하게 나누지도 않았고, 게이머는 게임이 요구하는 바를 정해진 캐릭터의 시점에서 수행해야 하지만, 그것을 정당화할 수 있는 어떤 도덕적 장치도 마련해두지 않았다. 오히려 게임은 게이머에게 '방금 네가 한 행동이 정말로 정당한 것이었는지'를 계속해서 되묻는다. 게임이 다른 어떤 매체보다도 체험과 몰입에 특화되어 있다는 것을 생각하면 이 게임은 플레이어를 극도로 불편하게 만들도록 디자인된 것처럼 보인다.

문화연구자 김성윤은 이 논란에서 가장 결정적인 것은 "감정의 문제, 즉 이 게임이 플레이어에게 특정한 불쾌와 좌절을 선사함으로써 결코 용서받을 수 없는 대상이 된다는 것일지 모른다"[134]고 주장한다. 그는 이 게임과 관련된 논란이 그간 미디어에서 일어났던 PC 논쟁 구도의 역전이라는 점을 지적한다. 즉 "제작자는 플레이어들이 보다 미학적이고 민주 시민적이기를 요청"하는 반면, "플레이어들은 이 게임이 관례처럼 유희적이고 여성혐오적·동성애혐오적이기를 요청"[135]하고 있는 것 같은 구도가 형성되었다는 것이다. 이 게임은 굉장히 의도적으로 게이머들이 게임 내에서 동일시할 수 있는 존재와 성적 대상화할 수 있는 존재를 없애버렸고 이는 플레이어가 "게임적 수행을 통한 어떤 성장의 체험도 맛보는

134   김성윤, 〈게임과 정치적 올바름 문제: 〈더 라스트 오브 어스 파트2〉 사례〉, 《오늘의 문예비평》, 2021, 122쪽.
135   같은 글, 115쪽.

것이 불가능"[136]해지는 상황을 만든다. 즉 이는 남성 게이머들이 게임을 통해 대놓고 혹은 은연중에 얻고 있었던 쾌락을 게임의 내적인 구조를 통해 금지함으로써 남성 게이머들에게 새로운 차원의 좌절을 안겨준 사례다.

거대한 자본과 인력이 투입된다는 것은 AAA 게임의 장점이자 족쇄다. 그럼에도 이 게임은 여느 인디게임 못지않게 도발적인 실험을 택했다. 그것이 마냥 매끄럽고 훌륭하지만은 않았을지도 모른다. 그럼에도 한 가지 눈여겨볼 수 있는 지점은 이 게임과 여자주인공을 내세워 성공을 거뒀던 다른 게임들과의 결정적 차이다. 이 게임의 등장인물들은 쉽사리 성적 대상화할 수도 없고, 쉽게 호감을 가질 수도 없는 '유혹하지 않는' 여성 캐릭터들이다. 이들이 엄마도, 애인도, 요부도, 딸도, 여동생도 아니라는 사실은 이성애자 남자 게이머들을 혼란하게 만들고, 이윽고 분노하게 만들었다. 그리고 이 분노야말로 오늘날 게임판에서 가장 문제적인 흐름을 잘 대변하고 있다.

---

136 같은 글, 121쪽.

두 번째 라운드:
'팬보이' VS 페미니즘

남성 게이머들에게 인종차별을 찬성하느냐고 묻는다면 대부분은 자신은 그런 사람이 아니라며 펄쩍 뛸 것이다. 성소수자 차별에 찬성하느냐고 묻는다면 비율은 조금 낮아지겠지만 그래도 그렇지 않다는 것을 어필이라도 하려고 할 것이다. 하지만 여성차별에 찬성하느냐고, 혹은 페미니즘에 반대하냐고 묻는다면 어떨까? 차별받는 것은 여성이 아니라 남자들이라며 펄쩍 뛰는 모습을 보게 될 것이다.

게이머는 왜 페미니즘을 싫어하는가? 비교적 직접적인 것으로 보이는 몇 가지 이유가 있다. 먼저 페미니즘의 일부 분파는 교조적인 PC주의와 일치하는 입장을 갖고 있다. 또 페미니즘 내에서 안티 포르노의 관점을 갖고 있는 이들의 일부(이 문제는 페미니즘 내에서도 첨예한 입장 차이가 존재한다)는 게임 등에 나타나는 가상의 성애적 묘사에 대해서도 같은 기준을 적용한다. 하지만 딱히 이런 입장 때문에 그토록 거대한 증오가 생겨났다고 보기는 어렵다. 왜냐하면 이들은 게이머들과의 접점이 사실상 없기 때문이다.

좀 더 가능성 있는 것은 여성가족부, 그리고 셧다운제[137]다. 하지만 엄밀히 말하자면 이것들은 페미니즘과는 관련이 없다. 여성

가족부는 정부의 모든 부처 중 가장 적은 예산을 가지고 운영되는 부처인데, 2021년을 기준으로 전체 예산(558조 원)의 0.2% 수준인 1조 2325억이다. 18개 중앙정부 부처 중 최하위이며, 가장 많은 예산을 확보한 보건복지부(약 89조 원)와 비교하면 고작 1/72 정도다. 이것도 그나마 가족과 여성이 나누게 되는데, 2021년을 기준으로 가족과 청소년 관련 예산이 9797억, 여성 관련 예산이 2216억이다. 그리고 셧다운제는 여성이 아니라 가족과 관련된 문제이며, 그마저도 다른 부처들이 함께 관여하고 있다. 그러나 상당수의 젊은 남자 게이머는 국가를 점령한 페미니스트들이 여가부에서 셧다운제를 밀어붙이고, 그걸 통해 게임계를 협박해서 돈을 뜯어내고, 그 돈으로 사치품을 사들인다는 알 수 없는 이야기를 주장하곤 한다.

이 이미지의 출처는 이것저것이 복잡하게 뒤섞여 있다. 가장 큰 것은 여전히 대부분의 양육이 여성에 의해 주도적으로 이루어지고 있는 상황이다.[138] 여성양육자는 남성양육자에 비해 아이의 생

---

[137] 셧다운제는 청소년이용자들이 특정 시간 이후에 게임을 이용할 수 없도록 강제하는 제도다. 한국의 셧다운제는 시행 10년 만에 폐지가 진행되고 있다. 정부는 게임시간 선택제를 통해 셧다운제를 대체하여 부모가 자율적으로 자녀의 게임 시간을 통제할 수 있도록 하겠다는 방침이다.

[138] 육아정책연구소의 연구에 따르면 조사 대상자인 아버지들은 자신의 주당 양육시간을 2시간에서 4시간 사이라고 응답한 경우가 가장 많았으나, 어머니들은 아버지의 양육시간을 2시간 미만으로 응답한 경우가 가장 컸다. 이는 아버지가 양육에 참여했다고 생각하는 시간이 어머니에게는 그렇지 않은 경우가 적지 않다는 것이다. 육아정책연구소, 〈아버지 양육참여 실태 및 역량 강화 방안〉, 2016.

활에 훨씬 더 긴밀하게 연결되어 있고, 이는 '잔소리'를 반복하는 역할을 떠맡게 된다는 것을 의미한다. 그리고 특히나 남자 자녀에게 여성양육자가 하게 되는 가장 많은 잔소리 중에는 게임과 관련된 것이 빠지지 않는다. 게임 시간을 줄이고 학습을 하거나 야외활동을 할 것을 요구하고, 게임 이용시간을 통제하는 일은 대부분 여성양육자의 몫이 된다. 그뿐 아니라 이 역할은 성인 남성 게이머들에게는 게임에 들어가는 시간과 비용을 줄이고, 자신과 가족에 헌신할 것을 요구하는 애인이나 배우자 같은 방식으로 연장된다. 즉 긴밀한 관계를 맺게 되는 여성들은 모두 게임을 방해하고 못마땅해하는 존재로 인식되며, 이는 어느 정도 경험에 기반한 고정관념이기에 더 강력한 소구력을 갖게 된다.

게다가 오늘날 공교육에서 교육을 담당하는 교사들의 상당수가 여성이며,[139] 게임과 관련된 가장 큰 금지제도인 셧다운제를 관장하는 주무부처인 여성가족부 역시 여성들의 부처로 인식되는 만큼 (당연히 실제로는 남성공무원도 근무하고 있다) 여성이란 게임으로 표상되는 남성들의 즐거움을 금지하는 존재로 여겨지기 쉽다.

---

[139] 교육부가 2020년 국정감사에서 국민의힘 김병욱 의원실에 제출한 '최근 5년간 시·도교육청별 남녀 교사 수 및 비율자료'에 따르면 일부 사립을 제외한 전체 교사 중 남교사의 비율은 28.3%(9만 5076명)에 그쳤다. 이미 각 교육대학교에서 남학생의 성비를 맞추기 위해 20~40%에 달하는 남학생 할당제를 두고 있음에도 임용고시에서 합격자 수가 적어 남교사의 비율이 점점 줄어들고 있는 실정이다. 「"더 줄었다" 남자교사 … 전국 28.3%, 1명도 없는 학교 전국 53곳」, 한치원 기자, 〈에듀인뉴스〉, 2020년 10월 2일자.

하지만 이런 정황을 감안해도 남자 게이머들이 증오하는 페미니즘은 실존하는 운동이자 학문으로서의 페미니즘과는 별 상관없다. 오히려 그 이름 안에 남자 게이머들이 자의적으로 채워 넣은 게임과 세상을 둘러싼 변화들에 대한 반발이라고 보는 것이 옳을 것이다.

우선 이 문제는 게이머라는 집단에 대한 상상적 동질성으로부터 시작된다. 여전히 게이머는 컴퓨터 기술에 친화적인 젊은 남성 집단으로 여겨지고, 이는 다른 누구보다도 저런 부류에 속하는 남자 게이머들의 강력한 믿음에 의해 유지되고 있다. 대부분의 게임 커뮤니티에서는 다른 사용자들을 당연히 남자로 전제한다. 이것이 상상적인 이유는 수많은 여성과 성소수자도 게임을 하고 있기 때문이다. 하지만 이 성별동질성의 신화는 매우 집요하고 끈질긴 방식으로 작동하고 있는데, 그 이유는 이것이 '그래야 하는 것'에 가깝기 때문이다.

왜 게이머들은 남자여야 하는가? 그래야 여기에 여자가 없다는 것을 전제로 이야기를 할 수 있기 때문이다. 이는 대부분이 남초인 수많은 게임 커뮤니티에서도 쉽게 확인되는 경향성이다. 여기에 여자가 없기 때문에 이 이야기는 남자들만의 이야기다. 그리고 이 이야기에서 여자는 오로지 성적 대상이거나, 김치녀(혹은 개념녀), 아주 가끔 어머니로서만 존재한다. 남자들끼리 하는 이야기이기 때문에, 여자는 대화의 대상이나 주체가 아니라 객체로서만 존

재할 수 있다.[140]

하지만 이런 질서는 위협받고 있다. 이 위협은 게임계의 내부와 외부에서 동시에 이뤄진다. 산업은 앞서 이야기한 대로 변하는 중이다. 게임의 산업적/문화적 위상은 과거에 비교할 수 없을 만큼 높아졌다. 위상이 높아졌다는 것은 게임이라는 매체가 더 이상 특정 집단의 전유물이 아니라는 뜻이다. 2장에서 살펴봤듯이 다양한 사람들이 다양한 목적을 갖고 다양한 방식으로 게임을 하고 있으며, 게이머는 이제 소수집단이 아니다. 실제로 게임 산업에서 종사하는 여성의 비율은 증가하고 있으며, 여성 게임인구도 증가하고 있다. 그 위상과 규모에 걸맞은 배려를 요구받는 것은 조금도 이상한 일이 아니다.

또 게임계의 바깥을 보면 한국에서는 2015년 이른바 "메갈리아의 반란"[141]을 통해 온라인상의 여성혐오와 남성중심적 문화에 대한 대대적인 비판이 나타났고, 이 불씨는 자연스럽게 게임에도 옮겨 붙었다. 또 전 세계적인 미투운동의 발흥은 21세기에 다시 한번 페미니즘을 담론계의 중심으로 옮겨 났다. 인터넷이 보편화된 이후 쌓여왔던 새로운 양상의 성차별과 성폭력들에 대한 비판이 시작되었고, 학술적인 분석이나 시민운동뿐만 아니라, 커뮤니티와 SNS에

---

140 이에 대한 자세한 논의는 이길호, 《우리는 디씨》, 이매진, 2012와 최태섭, 《잉여사회》, 웅진지식하우스, 2013을 참조할 것.

141 유민석, 《메갈리아의 반란》, 봄알람, 2016.

서 직접 맞붙어서 대응하는 양상들이 큰 부분을 이루고 있다.

이제 어떤 식으로든 예전처럼 게임을 '남자들만의 비밀기지' 취급할 수는 없게 되고 있다. 그럼에도 이 변화 속에서 '좋은 시절'을 되돌리려고 페미니즘과 전쟁을 벌이는 남자들이 있고, 오늘날 게이머 커뮤니티는 그런 반동적인 전쟁의 주요한 근거지다. 하지만 이 전쟁은 게임을 위한 것이 아닌 것만큼은 분명하다. 이 남자 게이머들이 하는 일은 게임문화를 더 유독하고 거친 것으로 만들고, 새로운 게이머가 될 가능성이 있는 많은 사람들을 내쫓는 행동에 불과하기 때문이다.

게이머게이트와 넥슨 사태

2014년 미국의 게임커뮤니티와 소셜네트워크서비스ᔆᴺᔆ 등에는 'Gamergate'라는 해시태그가 등장했다. 이것은 "게임 저널리즘의 도덕성을 걱정하고, '게이머'의 정체성을 보호"하기 위한 온라인상의 운동이라고 얘기되었으나, 그 실상은 여성 게임개발자와 평론가, 언론인들에 대한 조직적이고 강도 높은 사이버불링Cyber Bullying이었다.

이 이야기는 조이 퀸Zoe Quinn이라는 여성 게임개발자에 대한 남자게이머들의 공격에서 시작된다. 조이 퀸은 2013년 자신의 우울증 경험을 토대로 만든 〈디프레션 퀘스트Depression Quest〉라는 게임을 제작하고, 스팀에 출품했다. 그런데 일부 남자 게이머가 이것은 게임이 아니라며 비난을 퍼부었다. 그러던 중 조이 퀸의 전 남자친구인 에런 조니Eron Gjoni가 퀸이 자신과 사귀던 중 다섯 명의 남자와 바람을 피웠으며 그중에는 '게임계의 유력인사'가 포함되어 있다는 블로그 글을 올린다. 이는 남자 게이머들의 SNS에서 음모론으로 진화했으며, 조이 퀸이 자신의 게임을 홍보하려고 게임계의 유력인사들과 섹스를 했다는 주장이 퍼져 나가기 시작했다. 이후 퀸의 집 주소와 전화번호가 공개되고, 그는 끊임없이 강간과 살해 협박에 시달리게 되었으며, 자신의 집에 머물 수도 없게 되었다. 그러던 중 이 음모론 그룹은 이것이 한 사람에 대한 집단적 괴롭힘으로 비치면 나쁘게 보이기 때문에 게임 저널리즘의 붕괴, 즉 게임 언론들이 게임 제작자들과 (지나치게) 친밀한 관계를 맺고, 객관적인 기사를 쓰지 못하는 현상에 대한 것으로 초점을 바꾸었다. 하지만 이 도덕성에 대한 운동은 한 번도 그 기준을 명확하게 제시하지 못했고, 실질적인 행동은 오로지 조이 퀸과 그를 옹호한 게임계의 인사들에게 셀 수 없이 협박과 욕설을 내뱉는 것이었다. 그러면서도 이들은 자신들이 게임업계 유력인사들의 부패에 맞서는 힘없는 게이머라고 주장했다. 가령 이 일에 동참하는 사람들의 대부분이 젊은 백인 남성이라는 지적에 대해 그것이 "인종차별"이자 "성차별"

이라는 식으로 대응하는 것이다. 웃긴 것은 이 이야기에 어디에도 실제 게임언론이 겪을 법한 도덕성의 문제, 즉 거대 기업과의 관계 같은 것은 등장하지 않았으며, 오로지 펀딩을 받아서 게임을 만드는 인디개발자 같은 이들만 입방아에 오르내렸다.[142]

이 사건은 결국 FBI의 수사를 받게 되었고, 심각한 위협을 가했던 용의자 4명만이 직접적인 조사 대상이 되었으나 조사는 허술했고, 최종적으로는 아무도 기소되지 않은 채로 끝이 났다. 게이머게이터의 표적 중 하나였으며 100번이 넘는 살해협박을 받았던 게임제작자 브리애나 우[Brianna Wu]는 후에 공개된 수사보고서에는 피해자들이 FBI, 국토안보부, 연방검사와 진행했던 미팅과 증언 들이 전혀 실려 있지 않다며 수사와 기소의 허술함을 비판했다.[143] 아무도 처벌받지 않은 채로 종결된 이 사건은 표적이 된 게임개발자와 저널리스트들에게 큰 상처를 주었고, 때문에 일부는 업계를 떠났다.

2016년에는 이와 아주 흡사한 일이 한국에서 벌어졌다. 시작은 넥슨이 서비스하는 게임 〈클로저스〉에 참여했던 성우가 "Girls Do

---

142 게이머 게이트에 대한 요약은 미국의 웹진 〈GAWKER〉의 2014년 10월 10일자 기사 「What Is Gamergate, and Why? An Explainer for Non-Geeks, Jay Hathaway」를 번역해 소개하고 있는 〈프 프ㅅㅅ〉의 글 「미국판 일베운동: 게이머게이트는 무엇이고 왜 일어났는가?」, 윤지만, 2014년 10월 20일자에서 인용한 것이다.

143 「The FBI has released its Gamergate investigation records」, Adi Robertson, 〈The Verge〉, 2017년 1월 27일자.

not need a prince"라고 적힌 티셔츠를 입은 것을 개인 SNS에 올린 것이었다. 남성 게이머들은 그 티셔츠가 메갈리아 그리고 페미니즘과 관련된 것이라며 넥슨에 항의했고, 넥슨은 그 항의를 받아들여 해당 성우와 협의해 작업분량을 삭제하기로 했다. 하지만 이것은 이후 뒤따를 일들의 시작일 뿐이었다. 2020년을 기준으로 5년간 최소 14명의 여성노동자가 '사상검증'에 가까운 일로 일자리를 잃거나 계약을 해지당했다.[144] 이들은 여성인권과 관련된 게시글을 리트윗하거나, 여성단체나 페미니스트의 SNS를 팔로우하거나, 아니면 사상검증을 당하고 있는 사람의 지인이거나 같은 어이없는 이유들로 이런 일을 당해야 했다. 이 과정에서 수많은 이들이 이유 없는 욕설과 협박에 노출되었음은 물론이다.

이 사건과 게이머게이트의 가장 큰 차이는 업계의 대응에 있다. 북미에서도 게이머게이트에 동조한 업계인들도 있었지만, 주요 게임언론과 제작사는 게이머게이트가 문제적이며 거기에 휘둘려서는 안 된다는 주장에 힘을 실었다. 미국의 게임웹진 코타쿠Kotaku의 루크 플렁켓Luke Plunkett은 게이머게이트가 한창이던 시기에 낸 기사에서 "우리는 사려 깊고 이해심 있고 비디오게임을 즐기는 사람들과 어울릴 것입니다. 인터넷의 어두운 구석에서 뭔가를 좌지우

---

144 「[이효석의 게임인] 반복되는 게임계 '메갈 사냥'…5년간 14명 일자리 잃었다」, 이효석 기자, 〈연합뉴스〉, 2020년 7월 18일자.

지할 수 있다고 느끼는 무리들이 아니라"[145]라며 게이머게이트를 비판했다. 하지만 한국의 업계는 넥슨사태 이후 계속해서 이어진 메갈몰이와 사상검증에 굴복했고, 오히려 선제적인 사상검증을 시도하기도 했다. 회사들은 메갈로 낙인찍힌 이들의 작업물을 게임에서 제외하거나(〈클로저스〉〈큐라레 마법도서관〉 등), 외주 작업자들에게 자신이 페미니즘이나 메갈과 관계없다고 공표할 것을 강요하거나(〈벽람항로〉[146]), 선제적으로 반메갈 게임임을 선언하는 등(〈소울워커〉) 남성 유저들의 주장을 거의 대부분 수용했다. 이 중에서도 〈트리 오브 세이비어〉를 서비스하는 IMC게임즈의 김학규 대표는 문제가 된 여성 직원에게 직접 사상검증 인터뷰를 하고, 그 결과를 공지로 올렸다가, 여성민우회 등의 항의를 받고 사과한 바 있다.

"저는 당사자가 정직원이기 때문에 회사에서 쉽게 해고가 곤란하다던가 하는 문제를 떠나서, 정말로 반사회적인 사상을 추구하는 사람은 동료로써 함께 일하고 싶지 않습니다.

그렇지만 제가 파악한 바에 의하면 A씨는 그런 문제가 거리가

145 「We Might Be Witnessing The 'Death of An Identity'」, Luke Plunkett, 〈kotaku〉, 2014년 8월 24일자.
146 모바일 게임 〈벽람항로〉에서 게임에 협업하고 있었던 프로일러스트레이터 나르닥에게 "'난 메갈리아와 관련이 없고 페미니즘을 지지하지 않는다'라는 트위터를 해줄 수 있나요?"라고 요청하고, 이에 나르닥이 거부하자 계약해지를 했던 사건이다.

먼 평범한 사람일 뿐입니다.

한남이라는 단어가 들어간 트윗을 1건 리트윗한 것, 변질되기 전 의미의 페미니즘과 메갈을 구분하지 못하고 관련된 단체나 개인을 팔로우한 것 등은 실수일 수는 있지만 직장을 잃어야 할 정도의 범죄 행위라고는 생각할 수 없습니다.

그럼에도 쉽게 의심의 눈길을 거둘 수 없는 이유가 있다면 이전에 메갈과 관련된 인물들이 당장 문제가 되니 사과문으로 면피를 했다가 뒤에 가서는 다시 본색을 드러내는 이중적인 모습을 보였던 전례가 있기 때문이라고 생각합니다."[147]

2020년 5월 국가인권위원회는 이런 게임계의 사상검증에 대해 30쪽짜리 결정문을 발표했다.[148] 이것은 게임업계에서 사상검증으로 피해를 입은 여섯 명의 여성이 제소한 사건에 대한 것으로, 결론부터 말하자면 여섯 명의 진정인의 청구는 각하되었다. 그러나 이것이 부당한 진정이었기 때문은 아니다. 각하의 이유는 매우 단순하면서도 문제의 심각성을 더욱 부각시킨다. 우선 게임회사의

147 김학규, "TOS 원화가 트위터 메갈 논란 관련 입장 공지", 2018년 3월 26일 중에서(강조는 저자). 추후 이에 대한 비판이 일자 추가 공지를 통해 한국여성민우회와 페미디아를 반사회적 단체인 것처럼 묘사한 것에 대해 짧은 사과문을 게재했다. 이 공지에서 절망적인 것은 김학규 대표가 이 글을 통해 문제가 된 직원을 '보호'하려고 했다는 것이 행간에서 읽힌다는 것이다. 즉 자사의 정규직 직원을 보호하기 위해서 선제적 사상검증을 하고 소비자들에게 해명을 한 것이다.
148 국가인권위원회 차별시정위원회 결정문, 〈사상 및 정치적 의견을 이유로 한 여성 작가 배제관행 개선을 위한 의견표명〉, 2020년 5월 26일자.

직원이었던 한 명은 진정 시기가 사건 발생 시기로부터 1년 이상 경과되어 인권위가 개입 가능한 시점을 넘겼다는 이유였다. 그리고 나머지 다섯 명은 프리랜서 사업자로서 인권위법에서 규정한 노동자성이 인정되지 않는다는 것이 이유였다. 즉 진정인들의 취약한 지위가 부당한 처사를 구제받는 데에도 걸림돌로 작용하고 있는 것이다.

조사 과정에서 게임업체들은 진정인들의 작업물을 배제한 것은 페미니즘이나 소비자의 항의 때문이 아니라, 품질이 낮아서거나 개발 과정에서의 판단에 따라 이루어진 것이라고 해명했다. 반면 일부 업체는 피진정인들의 작업물이 배제되는 데 이른바 '소비자의 항의'가 작용했다고 실토했다. 이들은 게임 운영이 영리 목적을 위한 것이며, 소비자와의 소통이 게임 및 회사의 존폐를 결정할 수 있기 때문에 어쩔 수 없는 것이라고 주장했다.

인권위는 이런 게임회사들의 주장을 조목조목 반박했다. 페미니즘과 관계없는 결정이었다고 주장한 회사들의 경우에도 당시 게시되었던 공지 등에서 "문제가 되고 있는 일러스트" "사회적 이슈" "논란이 발생하거나 또는 논란이 발생할 가능성이 있는 일러스트"와 같은 표현 등을 통해 '메갈몰이'가 원인이라는 것을 인정하고 있다는 것이 인권위의 판단이다. 또 영리기업으로서의 불가피성에 대해서는 "소비자의 요구가 인권·정의와 같은 기본적 가치에서 이반된 것이라면 이를 무시하거나 소비자를 설득하는 것이 책임을 다하는 기업의 모습"임을 이야기하고 있다.

정리하면, 업체들이 상관없다고 주장한 것은 '눈 가리고 아웅'에 해당하고, 어쩔 수 없다고 주장한 것은 사회구성원으로서 기업이 갖춰야 할 윤리에 어긋나는 변명이라는 것이다. 인권위의 결정문은 게임계에서 지속되는 '메갈몰이'가 비상식적이고 반인권적인 행태라고 단호하게 지적하고 있다.

이 결정문 이후에도 업계의 변화는 더디며, 여전히 게임계에는 메갈사냥이 한창이다. 이것은 이제 외주작업자를 넘어서 유튜버나 스트리머 등에 대해서도 무차별적인 방식으로 진행되고 있다. 2021년 3월 15일에는 카카오톡에서 판매되고 있던 이모티콘 하나가 갑자기 마켓에서 삭제되었는데, 이모티콘에 적힌 텍스트 중에 "허버허버"라는 단어가 있다는 이유 때문이었다.[149] 카카오측은 "언어의 시대상을 반영하여 작가 혹은 제작사와의 협의를 통해 해당 상품의 판매 종료를 결정"했다며 사과문을 올렸다. 이 문제는 남초커뮤니티의 이용자들이 이 단어를 여초커뮤니티에서 남성들이 무언가를 게걸스럽게 먹는 모습에 사용하는 단어이므로 남성혐오라고 주장하면서 시작되었다. 이 단어의 어원은 명확하진 않지만, 인터넷 등지에서 무언가를 허겁지겁 먹는 모습을 코믹하게 묘사하는 표

---

[149] 「'허버허버'가 뭐길래 … 카카오 "이모티콘 판매 종료" 선언까지 했나」, 장윤서 인턴기자, 〈한국일보〉, 2021년 3월 16일자.

현으로 종종 사용되었던 만큼 이들의 주장처럼 어떤 비하적 의미를 가진 단어라고 보기는 어렵다. 하지만 해당 남초커뮤니티는 이 단어를 사용한 웹툰, 유튜버들을 찾아다니며 계속해서 항의를 했고, 대부분의 콘텐츠들이 수정되었다. 남초커뮤니티의 일부 이용자들은 "허버허버가 특별히 남혐단어가 아니라는 것은 알지만, 여초에서도 '보이루'[150]를 가지고 똑같이 우겼기 때문에 상관없다"는 식의 주장을 펴기도 했다. 이와 비슷하게 유명한 게임 분석 채널인 '중년게이머 김실장'에서도 출연자가 무언가 거대한 숫자를 표현하기 위해 "오조오천"이라고 말한 것에, 그것이 여초커뮤니티에서 많이 쓰이는 말이라며 여초나 페미니즘과 관련 있는 게 아니냐는 항의성 댓글들이 달려 해당 부분을 수정하는 일도 있었다.[151]

〈2020년 게임산업 종사자 노동환경 실태조사〉의 조사 대상자들은 '게임이용자들의 종사자 사상검증'의 심각성을 46.0점(100점 만점)으로 평가했다. 하지만 조사결과를 더 자세히 보면 의견이 양극화되어 있는 것을 볼 수 있다. 이 문제가 매우 심각하다고 응답한 사람은 전체의 6.2%, 다소 심각하다고 응답한 사람은 10.3%였

---

150 유명한 아프리카 BJ인 보겸이 인사말로 사용하는 단어로 보겸 + 하이루의 뜻을 갖고 있다. 그러나 보겸의 팬 중 10~20대 남성들이 이 말을 여성혐오적 함의가 담긴 말(보지+하이루)로 은어처럼 사용하면서 논란이 일었다. 일부 초등학교의 여자교사 등이 남학생들이 이 단어를 쉴 새 없이 비하적인 의미를 담아 내뱉는다는 것을 호소하기도 했다.

151 중년게이머 김실장 채널 커뮤니티 게시글 2021.04.10
https://www.youtube.com/channel/UCSgvQDek_7CQj08fu7kp1Iw/community
이 사태는 이후 연예인의 개인 SNS에도 악성댓글을 다는 식으로 계속 번져갔다.

던 반면, 심각하지 않음이라고 응답한 사람이 25.5%, 전혀 심각하지 않다고 응답한 사람은 6.6%였다. 이 문제의 심각성에 대한 평균 인식은 높은 편이 아니었지만, 매우 심각하다고 느끼는 사람들과, 전혀 심각하지 않다고 생각하는 이들의 비율이 동시에 비슷한 수준으로 나타났다. 성별 중에는 여성, 직군으로는 기타직군과 디렉터, 부서장급의 직군, 경력에서는 1년 미만과 10년 이상, 회사 규모에서는 5인 미만인 경우가 이 문제를 심각하다고 여기고 있는 것으로 나타났다. 관리자급들이 인식하는 심각성이 문자 그대로 게임운영에 미치는 영향에 대한 인식이라고 본다면, 기타직군, 여성, 낮은 연차의 비교적 취약한 이들이 이 문제에 대해서 느끼는 심각성은 본인들이 그것의 영향을 가장 많이 받게 되기 때문이라고 생각해볼 수 있다. 게임업계는 이 문제에 대해서 취약한 입지에 있는 구성원들과 협업자들을 기꺼이 제물로 바쳐왔기 때문이다.

"최근까지도 게임업계는 남성중심적인 산업이며, 그 이용자들의 문화 또한 상당히 남성중심적인 것으로 알려져 있다. 그러나 창의성을 제고하고 혁신을 추구하기 위해서는 특정집단의 이해관계나 취향에만 부합하는 것이 아닌, 보다 포용적이고 다양성을 존중하는 문화로의 변화가 필요해 보인다. 특히 사회적·문화적 차원에서 여성에 대한 혐오나 차별을 넘어서 성평등 관점과 감수성이 강조되고 있는 상황이기 때문에, 게임업계 종사자들과 이용자들 또한 이러한 문화적 변화 흐름을 받아들이고 인식 제고를 위해 노력해야 할 것이다"[152]

아직까지도 게임업계에서 페미니즘이란 입 밖으로 꺼내서도 안 되는 무엇으로 취급받는다. 이는 2016년 이후로 이어진 기나긴 흐름으로, 업계는 소비자들의 그릇된 요구에 굴복하다 못해 선제적 색출작업까지 벌여왔다. 이런 것이 가능했던 것은 일차적으로 여성이 게임업계에서 적은 수로, 또 상대적으로 의사결정권한이 없는 직책에 포진되어 있기 때문이다. 하지만 동시에 이토록 거대한 규모로 성장하는 동안 게임회사들이 최소한의 사회적 상식에 준하는 수준의 기업운영원칙조차 세우지 못했다는 점도 문제를 계속 심화시켜왔다. 기업들은 잘못된 압력으로부터 노동자를 보호하고, 안전한 노동환경을 만들어야 하는 의무를 방기하는 한편, 인류의 보편적 가치에 반하는 차별에 대한 원칙을 소비자의 불만과 같은 수준으로 취급했다.

문화산업이 대중의 선호와 반응을 고려대상으로 삼는 것은 당연하지만, 부당하거나 과도한 요구들로부터 자율성의 공간을 확보하는 것도 당연한 것이다. 또 어떤 '선'들은 아무리 개인의 창의성을 강조하려 하거나 대중의 요구가 빗발친다고 해도 넘어서는

---

152 한국콘텐츠진흥원, 〈2020년 게임 산업 종사자 노동환경 실태조사〉, 225쪽.

안 된다. 선을 넘어서는 안 되는 이유는 그것이 어렵기 때문이 아니라 너무 쉽고, 효과는 파괴적이기 때문이다. 혐오와 차별은 정치뿐만 아니라 엔터테인먼트 분야에서도 잘 팔리는 '상품'이다. 많은 창작자가 때론 무심하게, 때론 의도적으로 이런 상품들을 만들어내고 퍼트리고 있다. 그리고 이 상품들은 오늘날 세계가 점점 극단적인 양상으로 치닫고 있는 데에 아주 많은 지분을 가진다.

이 사상검증의 열풍은 소비자의 정당한 항의가 아닌 명백한 트롤링[153]의 영역이다. 어디까지나 재미삼아서 자신들의 영향력을 과시하기 위해 몰려다니면서 소수의 사람들을 찍어놓고 못살게 구는 것이다. 그러나 업계가 잘못 끼운 단추는 계속해서 비슷한 상황을 만들어내고 있다. 이런 대응의 일차적인 원인은 업계인들의 인식 역시 별로 다르지 않거나, 문제의 심각성을 오로지 매출의 관점에서만 파악하기 때문이다. 하지만 수요가 있다는 이유로 백인만 들어갈 수 있는 식당을 만드는 것은 불법이듯이, 소비자들이 원한다고 해서 보편적 가치에 반하지 않는 이념이나 신념을 멋대로 배제하는 상품을 만들어서는 안 된다.

게다가 페미니즘은 차별의 이념이 아니라 차별을 없애자는 것이고, 이는 유엔을 위시한 국제기구의 인권규약과 민주주의를 채

---

153 트롤링은 온라인상에서 고의적으로 누군가를 괴롭히거나, 불특정 다수를 향해 이상한 행동을 하는 것을 총칭하는 용어다.

택하고 있는 각 국가들의 헌법에 명시되어 있는 것이다. 지금의 게임계는 무엇이 사회적 기준에 합당한지에 대해 판단중지를 선언하고 오로지 소비자 평계만 대고 있다. 그리고 이런 업계의 대응은 게임을 '남자들만의 것'으로 되돌리고, 여성과 소수자에 대해 아무렇게나 묘사하고 말하던 시절을 추억하는 차별주의자들에게 더 빈번하게 노려질 여지를 제공하고 있다.

게임이 아니라 게임 할아버지가 오더라도 모든 것은 인류가 합의한 최소한의 기준을 넘어서지 않는 선 안에서 이루어져야 한다. 소비자의 권리는 내가 산 물건에 대한 권리일 뿐이지 다른 사람을 차별하고 함부로 대할 권리가 아니며, 그런 권리는 아무에게도 없다. 만약 게임이 그런 사람들의 거주지가 되어버린다면 사회는 게임을 도태시킬 수밖에 없다. 누군가를 차별하고 상처주면서 얻어야 하는 즐거움은 존재해서는 안 되기 때문이다.

여자게이머는
진짜 게이머가 아니다?

오늘날 밝혀진 사실은 여성들도 게임을 하고 있으며, 각종 온라인 커뮤니티에도 존재하고 있다는 것이다. 이것은 '남자들끼리'의 세계에 긴장감을 불어넣고, 여자에 대해서 아무렇게나 말해도 된다는 합의를 깨트린다. 여기에 한층 복잡한 문제가 끼어든다. 젊은 (이성애자) 여성은 이성애자 남성의 욕망의 대상이다. 게다가 게임하는 여자는 특별한 존재다. 앞서 말했듯이 여성이란 일반적으로 게임을 못마땅해하는 사람이다. 그런데 (나와 같은) 게임을 하는 여성이라면 그렇지 않을 가능성이 크고 나를 이해해줄 가능성이 있다. 게임하는 여성은 이렇게 자신의 의사와는 상관없이 유혹적인, 그리고 유혹하는 존재가 된다. 동시에 이것은 여성의 게임실력을 의심하는 새로운 근거가 된다. 여성은 '남자친구'를 따라서 게임을 시작했거나 아니면 자신을 떠받들어주는 '보빨러'[154]들에게 업혀서 쉽게 등급을 올렸을 것이므로 그들은 게임을 잘 할 리 없다는 것이다.

이 모든 과정에서 여성의 입장이 단 하나도 들어가 있지 않음은 굳이 말할 필요가 없을 것이다. 딜루트의 책 《나는 게이머입니다. 아_여자고요》[155]에는 평생을 게이머로 살고 있는 저자가 겪어야 했던 황당한 일들이 자세하게 기록되어 있다. 저자는 여느 게이머들처럼 어린 시절 게임에 매료되어 MS-DOS 시절부터 지금까지 게임을 하고 있는 게이머다. 남자애들이나 하는 것을 하고 있다는

154　여성의 성기 + 빠는 사람이라는 뜻으로 페미니즘을 지지하거나 여성의 입장에 동조하는 남자, 또는 여성에게 호구처럼 구는 남자를 지칭하는 비속어다. 이들은 외부에 있는 여성을 함부로 대하는 것으로 남성 간의 동등성을 확보하는 남성 커뮤니티의 룰을 위반하는 자들로 배신자 취급을 받는다.

155　딜루트, 《나는 게이머입니다. 아_여자고요》, 동녘, 2020.

핀잔에서부터, 오락실에서 유독 자기에게 기를 쓰고 이기려고 동전을 집어넣던 남자들에 대한 기억, 콘솔 게임 중고거래를 하러 갔다가 '여자 분들은 잘 안 하는' 게임을 하는 여자라는 이유로 플러팅을 받던 기억, 온라인 게임을 하다가 여자라는 것이 밝혀지면 아무 이유 없이 욕설과 구애를 받아야 했던 기억 등등.

저자는 말한다.

> "이른바 '주류게이머'들은 우리는 다 같은 게이머이므로 '친목질'을 예방하고 커뮤니티 내 분란을 막기 위해 성별을 드러내면 안 된다고 말해왔고, 게임 속 세계에서는 그것이 마치 진리인 양 통용되었다. 그러나 그들이 말하는 '드러내면 안 되는' 성별은 '여성'일 뿐이다. … '주류 게이머' 문화에서는 서로를 '형'으로 칭하며, 여성 게이머와 관련된 이슈에서는 여성을 조롱하느라 바쁘다. "남자건 여자건 그냥 각자 게임을 하면 그만이다"라고 겉으로는 중립적인 척 말하지만, 여성이라고 추정되는 순간 왜 여자인 걸 티 내냐는 식으로 반응한다."[156]

실제로 게임 속에서 여자는 잘 봐줘야 특이한 존재, 대체로는 분란을 조장할 것이 분명한 불청객 대우를 받는다. 게임을 잘해도 의

---

156 같은 책, 78쪽.

심받거나 기특하게(게임을 더 못하는 남자들마저도) 여기고, 게임을 못하면 기다렸다는 듯이 온갖 조롱과 욕설을 퍼부어댄다. 이런 얘기를 하면 게임을 못하면 원래 욕을 하는 것이라고 주장하지만 똑같이 못해도 여성 게이머가 더 많은 모욕을 받게 된다는 것은 이미 수많은 경험을 통해 검증되고 있는 일이다.

범유경, 이병호, 이예슬은 〈〈오버워치〉, 그리고 다른 목소리-게임 〈오버워치〉 내 여성 게이머에 대한 폭력적 발화 분석〉[157]이라는 논문에서 게임 〈오버워치〉에서 수집된 여성에 대한 폭력적인 발화들을 분석했다. 〈오버워치〉는 과거 남자 게이머들의 전유물로 여겨지던 FPS에 〈리그 오브 레전드〉식의 역할분배[158]를 추가하고, 훌륭한 캐릭터 디자인을 통해 진입장벽을 낮춘 게임으로 여겨진다. 이 게임은 모든 것이 실시간으로 이뤄지고, 기본적으로 양손을 모두 사용해야 하기 때문에 팀원 간의 의사소통이 중요함에도 불구하고 채팅을 치기가 어렵다. 따라서 게임 내에서 보이스채팅을 많이 사용하게 되는데, 문제는 보이스채팅에서 여성게이머가 식별되는 순간 벌어지는 일들이다. 연구자들은 수집된 사례들을 분석해 일곱 가지 유형의 폭력적 발언을 분류했다. 그것은 각각

---

157 범유경·이병호·이예슬, 〈〈오버워치〉, 그리고 다른 목소리-게임 〈오버워치〉 내 여성 게이머에 대한 폭력적 발화 분석〉, 《공익과 인권》 통권 제17호, 2017.

158 오버워치의 캐릭터들은 각각 탱커, 딜러, 힐러로 나뉜다. 탱커는 높은 체력과 방어스킬들로 일선에서 적의 공격을 막고 아군을 보호하고, 딜러는 탱커의 뒤에서 적을 공격하며, 힐러는 최후방에서 아군의 체력회복과 이로운 효과들을 담당한다.

다음과 같다.

i) 상대방의 성별을 특정하는 발화

ii) 성적 매력에 관해 언급하는 발화

iii) 성에 관한 농담

iv) 게임 수행과 성별을 연관시키는 발화

v) '페미' '메갈'과 그에 대응하는 전략적 시도로서 '한남' '일베'가 등장하는 발화

vi) 여성성과 약자성을 연결시키는 발화

vii) '설거지' 등 전통적 성 역할을 강화시키는 발화[159]

여성은 식별당하는 순간부터 같이 게임을 하는 게이머가 아니라 구경거리 취급을 받게 되며, 여성에 대한 고정관념과 혐오에 기반해 우호적인 반응이든 부정적인 반응이든 관심을 받게 된다. 아마도 이 여성이 성공적으로 자신의 게임 내 역할을 수행하고 얻을 수 있는 가장 우호적인 반응 이래봤자 "여자분 치고 게임을 잘하시네요"일 것이다.

연구자들은 "여성 게이머에 대한 비난이 게임 내에서의 비난보다 그들이 '여성'이라는 사실 자체에 초점이 맞춰져"있으며, 이는

---

159 같은 글, 284쪽.

226 모두를 위한 게임 취급 설명서

대부분 "여성을 향한 성적 대상화, 여성혐오적 표현, 성 고정관념을 고착시키는 발언"들이고, 이것이 "현실에서의 성적 권력관계를 여실히 드러내고 있는 것"[160]이라고 결론 내린다. 또 한 가지 특기할 만한 것은, 남성들의 여성혐오적 발언은 다른 남성 팀원들로부터 쉽게 동조적 반응을 이끌어냈고, 이에 대한 여성 게이머의 항의에 대해 '그럴 의도가 아니었다'라고 변명하는 것도 마찬가지였던 데 반해, 여성 게이머의 문제제기나 항의 혹은 대항표현 들은 별다른 호응을 이끌어내지 못했다는 것이다.[161] 즉 이미 판 자체가 여성에게 불리하게 기울어져 있는 것인데, 이에 대한 남성 게이머들의 반응은 '그럴 줄 모르고 게임을 하러 왔느냐' 같은 식이다. 여기는 '원래 이상한 사람이 많은 곳'이니까 어쩔 수 없다는 얘기도 있다. 하지만 인터넷이 오늘처럼 보편적으로 사용된 것이 아직 30년도 되지 않았는데 대체 언제부터 '원래'란 말인가?

한편 〈'혜지'가 구성하는 여성에 대한 특혜와 남성 역차별 – 공정성에 대한 남성 온라인 게임 이용자들의 열망은 어떻게 여성혐오로 이어지는가?〉[162]라는 논문에서는 남성 게이머들과의 인터뷰를 통해 게임 내 여성혐오가 어떤 방식으로 발생하고, 정당화되

---

160 같은 글, 330쪽.
161 같은 글, 326쪽.
162 이현준·박지훈, 〈'혜지'가 구성하는 여성에 대한 특혜와 남성 역차별 – 공정성에 대한 남성 온라인 게임 이용자들의 열망은 어떻게 여성혐오로 이어지는가?〉,《방송과 커뮤니케이션》, 22권 1호, 2021.

는지를 연구했다. 우선 연구자들은 선행연구 검토에서 〈리그 오브 레전드〉 유럽 서버의 채팅 데이터를 분석한 결과 게임 실력이 부족한 이용자에게 아랍인이나 이슬람 종교에 대한 비하발언이 집중된다는 사례를 언급한다.[163] 이는 게임 속에서도 평소에 차별하거나 비하하고 있는 대상에 대한 폭력이 그대로 이어지고 있음을 시사한다. 이 논문의 핵심적 어휘인 '혜지'[164]는 "① 게임실력이 뛰어난 남성에게 의존하여 쉽게 승리를 얻는 여성 이용자, ② 게임 내에서 아군을 보조하는 역할군의 여성 챔피언(캐릭터), 또는 그런 챔피언을 플레이하는 것을 선호하는 여성 이용자, ③ 전투에 적극적이지 않고 팀에 도움이 되지 않는 이기적인 태도로 게임을 플레이하는 여성 이용자"[165]로, 혜지는 여성의 이름 중 무작위로 차용된 것이다.

〈오버워치〉와는 다르게 음성채팅이 존재하지 않는 〈리그 오브 레전드〉는 다른 사람의 성별을 식별하는 것이 훨씬 어렵다. 하지만 인터뷰에 참여한 남성 게이머들은 자신들이 '혜지'를 식별할 수 있다고 주장했는데, 사용하는 챔피언의 외형이나 성별, 움직임과

---

163 같은 글, 10쪽. 해당 연구는 Sengün, S., Salminen, J., Jung, S., Mawhorter, P., & Jansen, B., 〈Analyzing hate speech toward players from the MENA in League of Legends〉, CHI Conference on Human Factors in computing Systems, Glasgow, 2019, May이다.

164 아무런 맥락도 없이 흔하게 사용되는 이름 중 하나를 가져와서 비하적인 의미로 쓰고 있다는 지점에서 이 단어는 이미 폭력적이다.

165 같은 글, 18쪽.

전투 방식에서의 '여성스러운' 플레이 스타일 등이 단서라고 주장했다.[166] 하지만 정작 8년간 서포터만 플레이했다던 한 남성 참여자는 "어느 순간부터 사람들이 저한테 '혜지'라는 욕을 하더라구요. 못할 때도 그런데 주로 제가 뒤에만 있으면 뭐라고 하는 것 같았어요"[167]라고 이야기했으며, 다른 참여자들도 비슷한 경험담을 공유했다. 이는 감식안이 별 의미가 없음을 입증하는 것은 물론이고, '혜지'가 게임을 못하는 서포터를 '여성화'[168]해 모욕하는 것일 따름이라는 사실을 나타내고 있다. 나아가 여성게이머에 대한 모욕을 넘어서, 게임을 빌미로 남성들이 여성적인 것이라고 여기는 것[169] 자체를 하등한 것으로 여기고 있음을 고백하는 행위나 마찬가지다.

흥미로운 것은 연구자들이 '혜지'를 얼마나 자주 사용하며, 그런 여성게이머를 본적이 있는지를 물었을 때다. 대부분의 응답자들은 "용어 자체가 여성에 대한 노골적 비하표현이므로" 사용하지 않지만, "'친구 얘기' '주변에서 들은 얘기' '여성 인터넷 개인 방송

---

166 같은 글, 20쪽.

167 같은 글, 21쪽.

168 여성화는 남성들 사이의 욕에서 흔히 사용되며, 남성형의 욕설보다도 더 경멸적인 어투로 사용된다. 가령 욕설에 '-놈'이 아니라 '-년'을 붙이면 더 강도가 강한 욕설로 인지되는 식이다. 일반적으로 인지되는 어감의 강도에서도 대상이 남자건 여자건 상관없이 '-년'은 '-놈'보다 훨씬 더 강한 어조로 인지된다. 이는 욕설의 강도에서 놈 = 년이 아니라 놈 〈 년으로 인식된다는 것이다.

169 이 논문에서 제시된 것은 여성 = 수동성, 소극적임, 이기적인 태도, 조작의 미숙함/남성 = 능동적, 팀을 위해 희생, 조작능력 뛰어남, 다른 플레이어의 도움에 의존하지 않음이다. 같은 글, 22쪽.

진행자의 게임 플레이 스타일'"[170] 등의 일화를 소개하며 혜지가 실존한다고 주장했다. 이것은 기존의 여성혐오의 주요한 표상이 었던 된장녀/김치녀/김여사와 매우 흡사한 것으로, 이런 존재들의 실존을 주장하는 이들은 모두 자기 자신의 반복적인 경험이 아니라 어디선가 들은 이야기를 통해 진짜로 '존재한다'를 넘어 '많다'라고 주장했으며, 이런 주장을 뒷받침하기 위해 없는 증거들을 만들어내는 일도 많았다.[171] 실제로 참여자들은 '혜지'가 오로지 실력만으로 싸우는 〈리그 오브 레전드〉의 세계를 망가뜨리는 존재이며, 이것이 실제의 여성들이 누리고 있는 특혜와 비슷하다고 주장했다. "한국사회에 남성에게 의존하여 이득을 얻는 여성들"이 많으며, "그와 같은 가치관을 가진 현실 속 여성들이 게임 속에서 혜지로 나타나는 것"이라는 주장도 있었다. 하지만 그런 여성을 알고 있느냐는 질문에는 "자신들의 주변에는 혜지와 같은 여성이 존재하지 않는다고 하거나, 한동안 고민한 뒤 한두 명 정도가 있다"고 답했다.[172] 즉 이들은 진짜 '혜지'의 존재도, 또 현실 '혜지'의 존재

---

[170] 같은 글, 27쪽.

[171] 대표적으로 한 방송 프로그램에서 원하는 상대방 남성의 월수입이 3000만 원이라고 말하는 여성의 이미지가 된장녀의 대표적인 이미지로 많이 활용되었다. 그러나 그 여성은 억대 연봉을 받는 학원강사로, 자신보다 수입이 적은 남성을 만나보니 남성의 자격지심 때문에 관계유지가 어려웠으며, 그래서 자신보다 더 수입이 많은 남성을 원한다는 이야기를 하고 있었다. 하지만 이런 맥락은 제거된 채 수입 3000만 원이라는 자막과 함께 여성의 얼굴이 나온 방송캡처 장면이 온라인을 돌아다니며 온갖 욕설을 들어야 했다.

[172] 같은 글, 29쪽.

도 제대로 입증하지 못했지만, 그것이 존재한다는 굳건한 믿음을 갖고 있었다.

이 연구에서 얻을 수 있는 함의는 여성 게이머에 대한 그 수많은 말들은 모두 실제의 여성 게이머가 아니라 그저 남성 게이머들이 믿고 싶은 것을 떠드는 것에 지나지 않는다는 것이다. 세상에 그런 사람이 존재하지 않을 리는 없겠지만, 이렇게 지칭하는 단어까지 만들어내면서 떠들어댈 만큼 존재하는지를 입증할 수 있는 방법은 없다. 게다가 아마도 현실에서 '혜지'보다는 훨씬 많이 존재할 〈롤〉을 잘하는 동성 친구의 캐리를 받아 티어를 올리는 남성 게이머들을 지칭하는 단어는 없으며, 이들은 친구를 잘 만났다는 우연 때문에 높은 티어를 얻었음에도 공정성을 해치는 이들로 지목당하지 않았다.

게다가 웃긴 것은 '혜지'들에게는 〈롤〉에서 높은 티어를 얻는 것이 별다른 효용성이 없다는 것이다. 인터뷰에 참여한 이들은 〈롤〉의 높은 티어가 순수한 노력과 실력으로 달성할 수 있는 '문화자본'이라고 주장하고 있지만,[173] 문화자본은 그것이 작동하는 장 field을 벗어나면 아무 의미가 없어진다.

누군가가 어떤 게임을 잘한다는 것은 그가 그 게임에 재능이 있고, 열심히 했다는 것이다. 하지만 제 아무리 〈롤〉의 고수라고 해

---

173 같은 글, 25쪽.

도, 그가 곧바로 〈배틀그라운드〉나 〈오버워치〉의 고수가 될 수 있다는 보장은 없다. 그렇다면 우리는 더욱 당연하게도 누군가가 〈롤〉의 고수라는 사실이 그가 훌륭한 게임 제작자가 되거나 국회의원이 되어야 할 이유는 아니라는 것을 알 수 있다. 세상 대부분의 사람들은 다른 사람의 게임 등수에 관심이 없다. 이 사실을 망각하는 것을 우리는 '과몰입'이라고 부른다.

게이머의 종언?

　게이머게이트와 맞물려 북미의 대형 게임웹진들에서는 이것이 '게이머의 죽음'으로부터 오는 반동이라는 논의가 등장했다. 북미의 게임웹진 가마수트라Gamasutra는 게이머게이트가 한창이던 2014년 8월 「'게이머들'은 당신의 청중이 될 필요가 없다. '게이머'는 끝났다」라는 제목의 기사를 내보냈다. 이 기사에서 저자는 "나는 나를 종종 비디오게임문화 작가라고 말하지만 최근에는 이게 무엇을 의미하는지 모르겠다. 우리가 알고 있는 '게임문화'는 부끄럽고, 심지어 문화도 아니다. 그저 물건을 사고, 밈과 농담을 반복하고, 인터넷에서 화를 내고 있을 뿐이다"라고 얘기한다. 필자는 게임이 변화하고 있으며, 과거와 같이 백인 유산계급 남자아이들만을 위한 것이 아니라고 얘기한다. 오늘날 개발자들과 작가들은 "비극과, 비네트(소품), 뮤지컬, 꿈의 세계, 가족의 이야기, 민속전기, 추상 미술을 원하고 앞으로도 그럴 것이다. … 왜냐하면 우리는 문화를 창조하고 있기 때문이다. 우리는 그 누구라도 자신의 참여가 거부당하고 있다고 느끼는 것을 거부한다"라며 낡고 더 이상 쓰지 않게 된 인구학적 라벨링인 게이머는 끝났고, "우둔한 똥투척기들, 통곡하는 과장된 소비자들, 유치한 인터넷 논쟁자들"은 더 이상 나의 "청중"이 아니라고 못 박는다.[174] 이 글은 또 업계와 커뮤니티들의 책임을 이야기한다. 문제가 생기면 '그들은 우리를 대표하지 않는다'라거나, '모두가 그런 것은 아니다'라는 식의 측면에 대해서 이야기하지만, 게이머게이트와 같이 소수를 향해 다수가 집단적 폭력을 휘두르고 있는 건에 대해서 그런 식의 입장을 얘기하는 것은 무책임하다는 것이다.

이 이야기는 한국사회의 게임문화를 돌아보게 만든다. e스포츠의 종주국이자, 게임강국이라는 화려한 타이틀들을 걷어내고 나면, 과연 무엇들이 남아 있는가? 많은 남자 게이머들이 브리태니커보다도 더 떠받드는 나무위키에는 게임과 관련된 수많은 사건사고의 목록들을 볼 수 있다. 만약 게임이 한국사회에 주고 있는 것이

---

174 「'Gamers' don't have to be your audience. 'Gamers' are over」, Simon Carless, 〈Gamasutra〉, 2014년 8월 28일자.

이 길고 지리멸렬한 사건사고의 목록들과 논란들뿐이라면 게임은 왜 존속되어야 하는가? 왜 "일부"의 어둡고 음습한 쾌락을 위해서, 즐겁고 평온하게 게임을 즐기는 이들이 그토록 많은 것들을 감수해야 하는가?

한국 게임업계에도 사상검증 같은 어이없는 사태에 맞서는 이들이 있었지만 그들에게는 힘이 없었다. 대부분의 업계는 소비자의 뒤에 숨었고, 매체들 역시 모두 침묵으로 일관했다. 모두가 자신의 책임이 아니라며 도망치기에 바빴고, 사과를 해야 할 이들이 아니라 트롤들에게 납작 엎드려 그들을 더욱더 기고만장하게 했다. 전 세계가 차별의 문제를 해결하려 고민하고 있는 지금, 한국 게임계에서 소수자 문제와 페미니즘은 금기어처럼 여겨진다. 한국의 주요 게임업계는 더 나은 것을 제공하고 소비자를 설득하지 않고, 소비자들의 비위를 적당히 맞춰주면서 그들이 영원히 돈 넣는 기계로 남길 바란다.

'게임은 문화다' 캠페인이 초라해지는 것은 이런 상황 때문이다. 우리는 무엇을 '게임문화'라고 자신 있게 소개할 수 있을까? 언제나 욕설로 뒤범벅되는 게시판과 채팅창인가, 남성 중심적 게임 커뮤니티의 집단 트롤링인가, 여성 게이머에 대한 성폭력인가? 그저 변호사나 의사가 게임을 하면 게임은 문화가 되는가?

이것이 다 게임 탓이라는 것은 사실 앞뒤가 바뀐 말이다. 오히려 세상이 게임에 반영되고 있다. 현실의 여성과 소수자에 대한 혐오가, 현실의 스트레스와 분노가, 현실의 능력주의와 약강강약의 비열함이 자신의 한계를 벗어나 자유롭게 날아다닐 수 있다는 사이버 세상 속에서도 그 지긋지긋한 뿌리를 내리고 있는 것이다.

그러나 동시에 한 가지만큼은 확실하다. 오늘날 게임과 게임을 하는 사람들은 세상을 더 나은 곳으로 만드는 데에 그다지 기여하지 못하고 있다. 게임에는 그럴 수 있는 잠재력이 있고, 이미 그런 잠재력을 보여준 많은 게임이 있었음에도 말이다.

에필로그

세상은 언젠가 게임이 될 것인가?

Tedros Adhanom Ghebreyesus ✔
@DrTedros

While we are all #TogetherAtHome: Listen to music,
read a book or play a game.

2020년 3월 테워드로스 아드하놈 거브러여수스^{Tedros Adhanom} ^{Ghebreyesus} 세계보건기구 사무총장은 게임이용장애를 질병코드에 등재한 지 1년이 채 안 된 시점에서 전 세계 사람들에게 밖에 나가지 말고 집에서 음악을 듣고 책을 읽거나 게임을 하라고 권하는 트윗을 올렸다.

코로나 19로 인해 뿌리가 흔들리고 있는 다른 산업들에 비하면 게임은 오히려 새로운 기회와 가능성을 얻게 된 쪽에 속한다. 누구도 사회가 멈춰버리고, 전 인류가 빈둥거려야 하는 시간을 맞게 될 것이라고는 상상하지 못했을 것이다. 그 덕분에 한심한 인류의 대표 중 하나였던 '집에서 게임만 하는 사람'은 갑자기 '책임감 있는 모범시민'이 되었다. 게임의 대표적인 문제로 일컬어지는 '시간낭비'가 갑자기 장점이 된 것을 보면, 세상일이란 정말로 어떻게 될지 모른다는 생각이 절로 든다.

게임을 사회에 '이로운' 방식으로 활용해보려는 시도의 역사는 오래되었다. 가장 많이 논의된 용처는 교육이다. 게임이라는 형식을 빌리면 학습도 게임처럼 재미있어질 것이라는 계산에 따른 것으로, 교과학습에서부터 복잡한 사회문제에 대해서까지 다양한 시도가 있었다. 하지만 게임의 재미와 학습은 그렇게 쉽게 섞이지 못했다. 거의 대부분의 기획은 게임인 척하는 재미없는 학습교보재의 양산으로 이어지고 말았다.

한편, 게임의 입장에서는 사회와 현실을 모방하려는 노력이 이어져왔다. 기술이 발전함에 따라 이 노력은 점점 더 그럴듯한 모습을 갖춰왔다. 그리고 판데믹은 이 가상사회에 대한 수요를 폭증시켰다. 최근 끊임없이, 아무데서나 흘러나오는 '메타버스'라는 말은 관련 기술과 문화에 대한 새삼스러운 재조명 혹은 호들갑이라고 할 수 있다.

메타버스는 기술적으로 크게 증강현실^{AR}과 가상현실^{VR}로 분류할 수 있다. 전자가 현실에 가상을 추가하는 것이라면, 후자는 가상공간에 현실을 옮겨놓은 것이다. 방향은 다르지만, 둘은 모두 현실과 가상을 융합해 새로운 의미와 규칙과 목적을 가진 시공간을 창조하려는 기술이다. 물론 게임의 관점에서는 조금도 새로운 이야기가 아니지만 말이다.

그래도 생각할 거리가 없는 것은 아니다. 가령 기술적으로 창조된 시공간의 규칙은 어떠해야 할까? 그 안에서의 지각과 행동은 현실의 존재들에게 어떤 영향을 줄 것인가? 만약 현실과 가상이 충돌한다면 우리는 어디까지 가상의 상대적 자율성을 인정해야 할까 등등. 어찌 보면 이 새삼스러운 난리들은 이미 우리의 삶을 깊숙이 파고들어온 기술들에 대해 사회가 지나치게 무관심했음을 보여주는 예시일지도 모르겠다.

다른 한편 게임을 통해 여러 사회적 활동을 조직하려는 시도도 존재한다. 이른바 '게이미피케이션'이다. 간단한 예를 들자면 남자 화장실 소변기에 과녁을 붙여두고, 만보기에 이런저런 기능들을 추가한 애플리케이션(앱)을 만들어내는 등의 기술적 기교들이다. 게임연구자 권보연은 게이미피케이션이 두 가지 방식으로 구분된다고 말한다. 하나는 배경적 게이미피케이션으로 게임이라는 매체의 형식을 통해 게임의 외부에 존재하는 것을 다루는 것이다. 다른 하나는 전경적 게이미피케이션으로 게임이 아닌 일에 게임의 요소를 도입해 게임처럼 느끼게 하는 것이다.[175]

---

175 권보연, 《게이미피케이션》, 커뮤니케이션북스, 2015. 네이버 지식백과 "게이미피케이션의 유형" 항목 재인용.

이 중에서도 이른바 산업적 잠재성을 가진 것은 아마도 전경적 게이미피케이션일 것이다. 이 방식은 기존에 존재하던 공간과 행동에 다른 의미와 가치를 부여할 수 있기 때문이다. 당연하게도 비즈니스와 마케팅의 주목을 받아왔다. 하지만 게임학자 이언 보고스트Ian Bogost는 "외적 보상과 경쟁 중심적 게이미피케이션이 게임의 본질에 대치되는 '착취적 소프트웨어exploitationware'"[176]라고 강력하게 비판한 바 있다.

실제로 이런 유형은 보상과 경쟁 같은 요소들을 도입해 비즈니스, 노동, 마케팅 등의 효율을 높이는 것을 목적으로 하는 경우가 많다. 하나의 예를 생각해보자. 일부 생명보험사가 자사의 앱에 만보기를 추가하고, 하루에 일정 걸음 이상 걷고 있는 이들에게 보험료를 깎아주는 등의 혜택을 주는 시스템을 도입했다. 언뜻 보기에 이는 건강관리와 보험료 할인이라는 두 가지 혜택을 가입자에게 제공하는 유쾌한 방법인 것처럼 보인다. 하지만 고객의 건강을 관리해 발병률을 낮추고 보험료 지불을 줄이려는 목적이 더 중요하리라는 것을 추론하기는 어렵지 않다. 또 이런 식으로 모인 고객의 건강정보가 후에 보험사에 의해 어떤 방식으로 활용될지는 알 수 없는 일이며, 궁극적으로는 건강의 문제를 개인의 관리능력 문제로 만드는 흐름과 맞닿아 있다. 다른 예로 요즘 일부 배달어플은

---

176 같은 책. 네이버 지식백과 "착취적 소프트웨어" 항목 재인용.

실시간으로 배달하는 사람의 위치를 추적해서 주문자에게 제공한다. 주문자는 게임처럼 그 모습을 지켜보면서 배달하는 사람이 빠른 길과 속도로 나에게 오고 있는지를 감시한다. 하지만 그 화면에는 신호등, 다른 차들, 사람들, 우발적으로 벌어지는 수많은 상황들의 모습이 보이지 않는다. 이해할 수 없는 경로로 도착한 라이더에게 우리는 낮은 별점을 주고 그 사실을 잊어버리겠지만, 알고리즘을 통해 그 별점은 라이더의 생계에 실제로 막대한 영향을 주게 될 것이다.

요컨대 이런 식의 게이미피케이션은 사람들로 하여금 현실의 보상을 위해 특정한 행동을 하도록 유도하고, 또 경쟁하도록 한다. 물론 이것은 모든 기업과 국가, 조직의 작동원리에 크든 작든 포함되어 있는 것이다. 하지만 게임의 감각은 이런 것들을 과열시키고, 가벼운 것으로 만들 위험을 내포하고 있다. 게임 속의 열띤 경쟁이 괜찮은 것은 그것이 게임 안에서 벌어지는 일이고 실제 삶을 위협하지 않기 때문이다. 하지만 현실의 사람과 자원을 대상으로 벌어지는 경쟁은 '공정함' 이상의 고려와 고민을 필요로 한다. '배틀로얄'은 게임의 룰일 때만 용인 가능한 것이지, 그것이 사회의 룰이어서는 안 되는 것이다.

많은 게임이 권력자와 부자 들이 꾸민 음모를 분쇄하는 것을 스토리로 내세우곤 한다. 하지만 게임 속에서 노동을 담당하는 유닛들의 운명은 체력이 다할 때까지 쉬는 시간도 임금도 없이 일하다가 적들의 공격에 속수무책으로 당하거나, 전투의 최전선에 총알받이로 앞세워지기까지 하는 식이다. 게임 속에서 우리는 세계의 운명을 좌우하는 주인공이지만, 현실의 삶에서는 아마 저런 노동자 유닛에 더 가까울 것이다. 게임은 우리에게 혁명의 환영을 제공하지만, 정작 그들이 어느 편이냐고 따져본다면 권력자와 부자 쪽에 서 있을 가능성이 높다.

이 몇 겹의 아이러니 속에서 산업이자, 예술이자, 놀이이자, 매체로서의 게임이 존재한다. 게임은 우리에게 현실을 버텨낼 수 있는 즐거움과, 현실을 뛰어넘을 수 있는 상상력을 준다. 예기치 못한 인연과, 작은 승리들의 기쁨도 준다. 하지만 이것을 마음 편히 즐기려면 게임이 게임으로 남아 있어야 한다. 그러려면 게임이 몰입의 핑계를 대면서 은근슬쩍 사람들의 삶을 착취하는 방식으로 진화하는 것을 경계해야 하고, 재미라는 핑계를 대면서 세상을 더 나은 곳으로 만들려는 인류의 긴급한 퀘스트에 역행하는 것을 멈춰야 한다.

나는 게임이 세이브와 로드와 컨티뉴를 마음 놓고 할 수 있는 세계로 남아 있기를 바란다. 부질없이 즐기고, 부질없이 웃고, 부질없이 몰두하고, 부질없이 감동받으면서 게임을 하고 싶다. 그러니 부디 그 부질없음을 소중히 여기면서 너무 진지해지지도, 사악해지지도 말자.

게임은 게임이다. 그것을 잊으면 안 된다.

게임의 한계: <라스트 오브 어스 파트 2>의 경우

너티독이 개발한 〈라스트 오브 어스 파트 2〉(〈라오어 2〉)와 그에 관련된 소란들을 소개하는 것은 의미가 있다고 생각한다.[177] 이 게임은 제목에서 드러나듯 동명 게임의 속편이다. 이 게임의 세계관은 미증유의 전염병이 퍼져 대다수의 인간이 좀비(와 유사한 생물체)가 되어버린 포스트-아포칼립스 상황의 미국이다. 1편의 주인공은 조엘이라는 밀수업자로 황폐한 세상에서 살아남으려 발버둥치고 있는 중년 백인 남자다. 그러다 어느 날 전염병 때문에 잃게 된 딸과 비슷한 나이의 엘리라는 어린 여자아이를 솔트레이크 시티에 있는 파이어플라이라는 집단에게 안전하게 데려다주는 의뢰를 받는다. 처음에는 평범한 의뢰라고 생각했으나 알고 보니 엘리는 좀비에게 물려도 감염되지 않는 면역을 가진 아이였고, 이 아이를 데려갈 장소는 치료제를 연구하고 있는 곳이었다. 그래서 갑

---

177 이 부분은 이 게임의 스포일러가 포함되어 있으니, 원치 않는다면 넘어가길 권한다.

자기 이 여정은 인류를 구할 수도 있는 중대한 문제가 된다. 이후 조엘과 엘리는 서로를 의지하며 괴물이 된 인간들과, 인간이지만 괴물과 다름없는 이들과 맞서서 힘겨운 여정을 지속한다. 그리고 이윽고 도착한 목적지에서는 충격적인 진실이 이들을 기다리고 있었다. 치료제를 만들기 위해서는 엘리가 죽어야 한다는 것이었다. 여기서 게임은 최후의 선택지를 제시한다. 엘리를 희생시키고 인류를 구할 것인지, 아니면 인류 따위는 무시하고 소중한 엘리를 살릴 것인지.

〈라스트 오브 어스〉는 수많은 문학작품이나 영화 등에서 변주되었던 요소들로 쌓아올린 마스터피스였다. 대략의 줄거리를 보면 알 수 있겠지만, 서로 적대시하던 두 사람이 힘든 상황을 헤쳐나가면서 점차 서로를 이해하게 되고 나중에는 뗄 수 없는 사이가 되는 전형적인 로드무비의 구성이다. 게임 도입부에서 조엘이 자신의 딸을 잃는 내용을 프롤로그로 보여주는 것은 이후 엘리가 조엘의 잃어버린 딸과 같은 존재가 될 것이라는 직접적인 암시나 마찬가지다. 많은 플레이어가 조엘에 이입해 엘리를 구하려 애썼고 마지막 순간에서는 비록 게임일지라도 엄청난 윤리적 갈등을 겪어야 했다. 이 게임은 아주 오랫동안 그야말로 영화 같은 게임의 대명사처럼 여겨졌다.[178]

---

[178] 실제로 HBO에서 실사 드라마로 제작 중이다.

하지만 제작진은 〈라오어 2〉에서 1편의 감동을 기억하고 있는 플레이어들에게 찬물을 끼얹는다. 1편은 어린 소녀를 지키는 성인 남자라는 아주 익숙하고 전형적인 구도 덕분에 누구에게 감정이입을 할 것인지가 아주 명확했다. 하지만 조엘이 엘리를 살리려고 병원에 있던 사람들을 죽이고 엘리를 구출했다는 이야기를 전제로 이어지는 2편은, 플레이어들이 그 어느 곳에도 이입할 수 없도록 만든다. 엘리는 18살이고, 조엘이 자신을 살리려고 인류를 저버렸고, 무고한 사람들을 희생시켰다는 것을 알고 있다. 엘리는 아버지나 다름없는 존재인 조엘에게 격하게 분노했고, 그를 용서하지 않겠다고 공언했다. 그러다 이제 조금씩 조엘에게 다시 마음을 열고자 하던 찰나였다. 그런데 1편에서 엘리를 살리기 위해 죽였던 연구원의 딸이며 자신의 부모와 자신들의 집단을 파멸시킨 조엘을 찾아 원수를 갚으려는 애비가 등장하고, 조엘은 게임 초반부에 애비의 손에 죽음을 맞이한다. 그리고 우리는 그 조엘의 복수를 하려는 엘리와, 그런 엘리에 맞서는 애비를 번갈아가며 플레이해야 한다.

게다가 이야기의 결말 역시 플레이어들에게 아무런 쾌감도 만족감도 주지 않는다. 엘리는 복수를 위해 수많은 사람들을 죽이고, 애비는 그런 엘리에 맞서기 위해서 마찬가지로 많은 사람을 죽인다. 그러던 중 엘리는 드디어 애비와 만나서 혈투를 벌이지만 오히려 애비에게 죽음을 당할 위기에 처한다. 하지만 애비는 엘리를 살려 보낸다. 그리고 1년이 넘게 지난 어느 날 연인인 디나와 디나가 낳은 아기(엘리의 아기는 아니다)와 함께 가정을 꾸리고 살고 있었으나 여전히 조엘을 죽게 만들었고 복수도 하지 못했다는 강박에 사로잡혀 있는 엘리에게 다시 한번 애비의 행적이 전해진다. 엘리는 자신을 만류하는 디나를 뿌리치고 애비를 추적한다. 그러나 애비는 정작 함정에 빠져 레틀러라는 잔악한 무장집단에 붙잡힌 신세였다. 엘리가 레틀러들을 피해 애비를 찾았을 때 애비는 도망을 치려다 붙잡힌 죄로 바닷가의 기둥에 묶여 죽어가고 있었다. 엘리는 애비를 풀어주고, 애비는 너와 싸울 생각이 전혀 없다고 말하며 배를 타고 도망치려 한다. 엘리는 애비를 보내줄 것인지 복수를 할 것인지 고민하다가 결국 싸움을 걸지만, 결국 애비의 숨통을 끊지 못한다. 복수에 실패한 엘리가 집으로 돌아왔을 때 디나와 아기는 없었다. 엘리는 텅 빈 집에 앉아서 조엘이 남긴 기타를 연주하려 하지만, 애비와 싸우다가 잘린 손가락 때문에 여의치 않았다. 엘리는 조엘의 생전에 나눴던 대화를 회상하다가 집을 떠난다.

이 게임의 전작인 〈라스트 오브 어스〉는 메타스코어(메타크리틱에서 집계한 작품 평점)에서 95점이라는 높은 점수를 받으며 게임의 역사에 중요한 획을 그었다. 그에 뒤따르는 2편 역시 121개의 리뷰에서 93점이라는 높은 평점을 얻으며 평론가들에게 호평을 받았다. 하지만 이 게임 1편의 유저 점수는 9.2점인 데 반해, 2편의 유저 점수는 5.7점밖에 되지 않는다.

이미 이야기한 것들을 제외하고도 이 게임은 여러 논란의 중심에 있었다. 북미의 웹진 폴리곤은 「〈라오어 2〉는 게임계의 가장 긴 논쟁을 상기시킨다」라는 기사를 통해 이 게임이 내포하고 있는 모순에 대해서 이야기했다. 필자는 "루도내러티브 부조화^{ludonarrative} ^{dissonance}"라는 개념을 논쟁의 한가운데로 불러들인다. 이는 간단히 말해 게임이 전달하고자 하는 메시지와 게임 플레이가 어울리지 않는 상황에 대한 이야기다. 예를 들자면 스토리상 주인공이 생명의 소중함을 설파하며 한 사람 한 사람의 목숨을 구하려 애쓰는 데 반해, 정작 스토리 부분이 아닌 통상적인 게임 플레이에서는 온갖 무기와 무술로 수많은 적들을 도륙하는 상황 같은 것이다. 필자는 〈라오어 2〉가 폭력의 악순환과 복수의 허망함 같은 것을 말하려고 하지만 정작 엄청나게 공을 들여서 좀비와 인간을 죽이는 게임 플레이를 설계했고, 그래서 게임 내내 플레이어들이 폭력을 멈추고 싶어도 정작 게임은 게이머들에게 적을 쏘고 죽이라고 명령하고 있다고 말한다. 즉 선택지가 없는 상태에서 폭력을 강요해놓고 플레이어들을 비난하는 것은 과연 옳으냐는 것이다.

필자는 이것이 〈라오어 2〉의 태생적 한계라고 말한다. 즉 AAA 게임이라고 불리는 대형 게임들은 엄청난 돈과 인력이 투입되어 몇 년에 걸쳐서 만들어진다. 그리고 60~100달러 정도의 가격에 팔린다. 만약 이런 게임이 플레이어들의 기대를 전혀 충족시켜주지 못한다면, 회사는 망할 것이다. 그러므로 오늘날 AAA 게임이란

"쏘다Shoot"라는 직접적이면서도 쾌감을 주는 행위를 중심으로 만들어질 수밖에 없다는 것이다. 필자는 반복되는 엘리의 폭력적 행동들과 복수를 향한 집착에 대해서 다음과 같이 말한다. "엘리는 AAA 게임이 변할 수 없기 때문에 변할 수 없습니다." 그리고 자신은 이렇게 아이러니에 빠져서 횡설수설하는 게임들보다는 그냥 재미에 초점을 맞춘 폭력적이고 잘 디자인된 게임들을 하겠다고 말하며 글을 끝맺는다.[179]

한국의 문학연구자 박인성은 〈〈라스트 오브 어스 파트2〉(The Last of Us Part Ⅱ)를 통해 살펴본 AAA급 게임의 루도내러티브 부조화(Ludonarrative dissonance) 연구〉[180]라는 논문에서 폴리곤의 기사를 비롯해 서구 웹진들의 〈라오어 2〉 비평을 소개하고 있다. 그러나 그는 〈라오어 2〉가 단순히 루도내러티브 부조화의 한 사례가 아니라, "적극적 실험"이라고 주장한다.

"그러나 〈라오어 2〉는 단순히 플레이어가 단순히 게임에 제공하는 메타적 인식을 통해서 윤리적 비판에 도달하거나 자신의 플레이에 대하여 질문하고 자각하게 만드는 수준에 그치지 않

---

179 「The Last of Us 2 epitomizes one of gaming's longest debates」, Chris Plante, 〈Polygon〉, 2020년 6월 26일자.

180 박인성, 〈〈라스트 오브 어스 파트2〉(The Last of Us Part Ⅱ)를 통해 살펴본 AAA급 게임의 루도내러티브 부조화(Ludonarrative dissonance) 연구〉, 《대중서사연구》 제27권 1호, 2021.

는다. 전작과의 연결성을 의도적으로 해체하는 이 게임은 단순히 게임 장르가 가진 형식적 부조화에 대한 자각이 아니라, 더 근본적으로 플레이어가 게임 장르에서 요구하는 즐거움이라는 인지적 경험에 대하여, 혹은 그러한 경험을 구성하는 게임 내 플레이 행위 자체에 의문을 제기하는 것처럼 보인다. 플레이어가 이 게임 텍스트의 규범과 주제의식에 공감한다고 할지라도, 게임을 플레이하는 과정에서 몰입의 즐거움을 배신할 수 없다. 따라서 〈라오어 2〉는 방금 전까지 플레이어가 즐겁게 활용한 폭력을 내러티브 구조에서 추출하여 플레이 구조로 시각화하여 보여준다. 그리고 AAA 게임으로서 이 게임이 가지는 장점은 바로 이처럼 의식화된 연출에 초점이 맞추어져 있다."[181]

이 주장대로라면 〈라오어 2〉는 게임이라는 매체 자체를 근본적으로 해체하는 것을 목표로 삼은 메타게임이 된다. 필자는 "AAA 게임이 게임성의 추구 속에서 폭력적 플레이의 즐거움을 배신할 수 있는가?"[182]라는 질문이 〈라오어 2〉의 루도내러티브 부조화가 도달한 최종질문이라고 말한다. 하지만 〈라오어 2〉에는 스토리와 서사구조만 있는 게 아니라, 당대 최고의 기술이 집약된 게임 플레

---

181 같은 글, 253쪽.
182 같은 글, 255쪽.

이가 있다. 만약 〈라오어 2〉가 게임내의 폭력 자체에 대한 근본적인 질문을 던지고자 했다면 이런 지난하고 비싼 절차가 과연 필요했을까?

사실 필자의 주장들을 더 잘 구현한 것은 인디게임들이다. 대표적으로 2008년 제시 벤브럭스 Jesse Venbrux가 제작한 인디게임 〈Execution〉[163]은 실행하면 "당신의 행동에 따라 결과가 생깁니다. 당신은 이기거나 지거나 둘 중 하나입니다. 올바른 행동을 하세요. 스페이스바를 눌러 실행합니다"라는 메시지를 보여준다. 스페이스 바를 누르면 기둥에 묶여 있는 사람이 있고 마우스 커서는 과녁모양으로 변해 있다. 마우스 왼쪽 버튼을 누르면 총소리가 나며 총알이 발사된다. 게임의 문법에 따르면 당연히 과녁을 사람에게 향한 뒤에 마우스 버튼을 눌러야 한다. 하지만 그렇게 하는 순간, 게임은 검은 화면과 함께 "당신은 졌습니다"라는 메시지를 보여준다. 당황해서 게임을 다시 실행하면 "당신의 행동에는 결과가 따릅니다. 이미 늦었습니다"라는 메시지가 뜨고 총을 맞은 사람이 그대로 죽어 있는 화면만 뜬다. 혼자서도 충분히 개발할 수 있고, 메시지는 명확하며 잘 전달된다. 이것을 게임이라고 부를 수 있는가는 잘 모르겠지만, 40시간이 넘도록 누구를 도륙내고 게임에게 훈계를 받는 것보다는 훨씬 더 효율적인 것이 아닌가 하는 고민이 들 수

---

163 실행, 처형이라는 뜻이 있다.

밖에 없다.

물론 이런 이야기들이 〈라오어 2〉라는 게임의 전부는 아니다. 평론가들이 단지 교훈을 주는 게임이기 때문에 고평가를 내린 것만은 아니기 때문이다. 또 모든 게임이 이런 문제를 겪고 있는 것도 아니다. 아이러니한 것은 이 루도내러티브 부조화 문제가 게임을 통해 무언가의 메시지를 전달하고자 하는 경우에 더 도드라진다는 점이다.

코지마 프로덕션이 제작한 2019년작 〈데스 스트랜딩Death Stranding〉은 이런 부조화를 극복하려 한 시도로 꼽을 만하다. 이 게임은 삶과 죽음이라는 테마를 중심에 두고 있는데, 이에 맞추어 게임의 설정과 시스템적으로 죽음을 매우 엄중한 사건으로 다루도록 설계되었다. 가령 게임 내에서 인간의 형태로 등장하는 적대적인 NPC를 죽이고 시신을 방치할 경우 "보이드아웃Voidout"이라는 현상이 일어나 일대가 대폭발에 휘말리게 되고, 거대한 크레이터가 생겨나 게임이 끝날 때까지 유지된다. 게임은 살상무기와 비살상무기를 동시에 제공하고 각각의 선택과 행동에 따른 다른 결과와 보상이 존재한다. 다만 이 게임에서도 이런 요소가 메인스토리에 영향을 주지는 않는다. 이 게임의 메인스토리는 컷 신cut scene이라고 불리는 영화처럼 미리 연출된 장면에 의해서 진행되는데, 평균 30~60시간쯤의 플레이 시간 중에 약 8시간 이상이 컷 신이다. 이 게임은 다른 의미에서 게임 플레이와 스토리 사이에 엄청난 균열이 있고, 이는 또 다른 의미의 루도내러티브 부조화라고 할 만하다.

　이런 상황은 지금껏 게임을 영상화한 것 중에 성공한 사례가 별로 없다는 문제와도 연관될 것이다. 어쨌거나 게임이라는 매체는 서사보다는 플레이에 더 중점을 맞출 수밖에 없기 때문이다. 서사, 비주얼, 게임 플레이가 조화를 이루는 훌륭한 게임도 많고, 다른 매체들이 시도하기 어려운 방식으로 훌륭한 서사를 전달하는 게임도 많지만, 게임의 서사가 소설이나 영화 같은 밀도를 갖기는 아무래도 어렵다. 또 게임이 그것을 지향해야 하는지 역시 의문이다.

　그렇다고 게임이 언제나 유치하고 질 낮은 텍스트와 일차원적인 재미에만 집중하는 게임 플레이에 머물러 있어야 한다는 것은 아니다. 게임도 사상과 이념을 다룰 수 있고, 다뤄야 한다. 결국 위대한 작품이란 작가 개인의 식견과 한계를 넘는 더 보편적인 통찰이 담겨 있느냐의 문제이고, 게임은 체험이라는 매체의 감상방식과 맞물려 이런 부분에서는 아직 미약하다.

　하지만 '영화 같은 게임'이 유일한 지향점은 아니며, 그럴 필요도 없다. 오히려 고민해야 하는 지점은 어떻게 '게임 같은 게임'을 만들 수 있을지, 게임이라는 방식으로 더 풍부한 이야기를 전달할 수 있을지일 것이다.

부록 2
위선자들: 블리자드의 경우

2021년 7월 20일 미국 캘리포니아주 공정고용주택국^{DFEH}은 LA 고등법원에 액티비전블리자드를 고발했다. 고발의 내용은 이 중에서도 블리자드를 주로 다루고 있는데, 사내 성폭력 방치·조장 및 여성/유색인종 직원에 대한 차별을 저질렀다는 것이다. 공정고용주택국은 약 2년간 블리자드를 조사했는데, 그 과정에서 블리자드가 여성들을 불법적인 괴롭힘, 차별, 보복 등으로부터 보호하지 못했고, 업무할당, 승진, 해고, 임금 등에서 차별했다고 주장했다. 또 공정고용주택국은 블리자드의 20%만이 여성 직원이고, 고위임원은 대체로 백인 남성이며, 고위직에 오른 여성도 고위직 남성에 비해 적은 보상만을 받고 있음을 지적했다. 또 사내에는 남성들의 패거리문화^{frat boy}가 만연했는데, 과도한 음주와 여성 동료에 대한 부적절한 행동이 묵인되는 분위기가 방치되었다는 점도 언급했다. 이런 것에 대한 문제제기가 회사의 관리자들에게 전달되었음에도 관리자들은 심각하게 여기지 않았고, 오히려 문제를 제기한 직원이 보복을 당했다는 점도 고발에 포함되었다. 이에 사측은 공정고용주택국이 제기한 혐의를 즉시 강하게 부인하는 한편, 소장이 부정확한 내용으로 채워져 있다고 비난하기까지 했다.[184]

그러자 회사의 대응에 대해 블리자드의 창립자를 포함한 전현직 직원 3000여 명이 회사를 규탄하는 성명에 서명하고, 일부 직원은 파업과 시위를 조직하는 등 강력한 저항이 일어났다. 또 트위터 등을 통해 자신이 겪거나 목격한 일에 대한 폭로도 이어졌다. 결국 액티비전블리자드의 총괄 CEO인 바비 코틱Bobby Kotick이 나서 회사의 대응이 잘못되었다고 사과하고, 블리자드 사장인 J. 앨런 브렉J. Allen Brack이 사임했으며, 인사과의 대표를 포함한 여러 임원과 관리자가 회사를 떠났다. 바비 코틱은 제기된 모든 문제를 철저히 조사하고 잘못이 있다면 누구라도 상관없이 책임을 묻겠다며, 블리자드를 "업계의 모범으로 만들겠다"는 성명을 발표했다.[185] 그러나 블리자드가 주관하는 〈오버워치〉 e스포츠 대회의 스폰서인 코카콜라, 스테이트 팜 등의 이탈이 이어지고 있으며, 주주들의 소송도 예고되고 있다.

경제지 〈블룸버그〉의 심층 보도에 따르면 블리자드의 개발자들이 팬으로부터 '락스타'처럼 여겨지면서, 부적절한 행동과 문화가

---

184 「캘리포니아주 정부, 2년간 조사 끝에 블리자드 고소 … 그 이유는?」, 방승언 기자, 〈TIG〉, 2021년 7월 23일자.

185 「Bobby Kotick expects Activision Blizzard to become "the very best example for other companies to emulate"」, James Batchelor, 〈gamesindustry.biz〉, 2021년 8월 3일자.

심화했다고 밝혔다. 블리자드가 업계에서 가장 사랑받는 게임회사가 된 후, 남성 개발자들은 여성 개발자들과 블리자드 게임의 여성 팬을 동료나 고객이 아니라 섹스할 수 있는 대상으로 여겼다. 무절제한 음주파티가 사내에서 벌어졌고, 그럴 때마다 부적절한 행동은 더 심해졌지만 인사과나 관리자는 이를 묵인했다. 그러던 중 블리자드의 매출이 감소하면서 경영에 더 깊숙하게 관여하기 시작한 바비 코틱과 액티비전의 압박은 상황을 악화시켰다. 액티비전은 블리자드에 적은 자원과 비현실적으로 짧은 시간만을 허락했다. 경영압박은 문제가 발생했을 때 상부에 보고하는 것을 더 꺼리게 만들었고, 노무관리의 강화로 인해 관리자들은 더 빈번하게 직원에 대한 평가를 시행했다. 그리고 이 과정에서 소위 '락스타'의 일원인 관리자급 남성들은 더 큰 권한을 가지게 되었다. 이 악순환의 끝이 오늘날의 블리자드의 현실을 만들어냈다는 것이다.[186]

블리자드는 게임 내에서 다양한 소수자를 재현하려는 노력을 선보여왔다. 대표적으로 〈오버워치〉에서는 공식적으로 동성애자라는 설정을 가진 캐릭터가 둘이나 존재하고, 다양한 인종과 연령대, 체형을 가진 캐릭터가 등장한다. 솔저76은 터프한 중년의 남성이자 전직군인이며, 게이이다. 젊은 여성 캐릭터인 트레이서는 동성

186 「Blizzard Turned Game Developers Into Rock Stars, Misbehavior Followed」, Jason Schreier, 〈bloomberg〉, 2021년 8월 6일자.

연인이 있다. 아나는 한쪽 눈이 보이지 않지만 수많은 전장을 누벼온 베테랑인 여성 노인이다. 이는 가령 넥슨이 〈오버워치〉와 비슷한 시기에 출시했던 〈서든어택 2〉에서 젊은 여성캐릭터를 자극적이고 개연성 없는 방식으로 내세웠던 것과 사뭇 대조되는 모습이었다. 블리자드의 이런 전략은 그동안 게임 속에서 환영받지 못한다고 느꼈던 사람들을 게이머로 만드는 훌륭한 마케팅이자, 게임이 재현의 영역에서 진일보한 모습을 보이고 있다는 증표로 여겨졌다.

물론 모두가 이런 흐름에 찬성한 것은 아니다. 예의 PC와 페미니즘에 반대하는 팬보이를 중심으로 블리자드를 비롯한 게임회사들의 새로운 시도를 향한 비난과 반발이 있었다. 하지만 북미와 유럽의 게임업계는 이에 굴하지 않고 인권에 대한 원칙을 재확인하는 것으로 대응했다.

우리가 2021년에 듣게 된 새로운 소식은 이런 노력들이 위선에 지나지 않았다는 것을 보여주고 있다. 비단 블리자드뿐 아니라 락스타 게임즈, 너티독, EA, 유비소프트, CDPR, 바이오웨어 등 북미나 유럽의 유수의 게임회사들도 많은 문제를 겪어왔다. 클러치 모드로 대표되는 장시간 고강도 노동은 물론이고, 게임 산업 내에서 벌어진 수많은 성폭력에 대한 폭로도 있었다. 직장 내 인종차별이나 성차별도 심심찮게 불거져 나온다. 그러니 이에 대한 분노와 비판은 놀랍지 않다. 하지만 여기에는 두 개의 서로 다른 목소리가 있다. 한쪽에서는 이 회사가 자신들이 내세운 가치들에 진실로 부합하지 못했다는 실망감이 있고, 그 때문에 이런 가치들을 더 제대로, 강력하게 추구하고 실천해야 한다고 주장한다. 반면 다른 한쪽에서는 블리자드를 비롯한 게임업계가 위선자라는 사실에 대해서 오히려 안도감을 느끼는 이들이 있다. 이들 역시 '위선자'를 앞 다투어 맹렬하게 비난하고 있지만, 그 비난의 결은 위선이라는 좁은 영역의 바깥으로 한 치도 삐져나가지 않는다. 즉 문제가 '나쁜' 행동이 아니라 위선에 더 맞춰져 있는 것이다.

이들이 위선을 비난하는 이유는 이렇게 모두가 '똑같기' 때문에, 무언가를 바꾸고 선의를 베풀기 위해 노력하는 것은 아무런 소용이 없다고 주장하기 위해서다. 이들은 블리자드가 성평등하고 민주적인 직장문화를 정착시키고, 게임 내의 소수자들을 더 많이 더 적절하게 표현하지 않아서 화가 난 것이 아니라, 그렇게 하겠다고 말했다는 것에 화가 나 있던 이들이다. 위선이 나쁘기 때문에 선을 추구해서는 안 된다는 궤변은 얼핏 황당하지만, 다양한 방식으로 사회 곳곳에 침투해 있는 논리다. 가령 미국의 코미디언 놈 맥도널드Norm Macdonald는 사람들이 빌 코스비Bill Cosby의 성범죄[187]에 대

---

187 빌 코스비는 친근한 이미지로 미국인들에게 큰 인기를 누린 코미디언이다. 그러나 미투운동의 발흥 이후 각지에서 쏟아진 폭로에 의해 60여 건에 이르는 성범죄를 저질렀다는 혐의를 받았다. 2018년 빌 코스비는 아직 공소시효가 남아 있는 범죄들에 대해 유죄를 선고받아 3년~10년형을 선고받고 감옥에 갔다. 그러나 2021년 6월 미국 펜실베이니아 대법원에서는 기소절차상의 문제가 있었다며 코스비에 대해 무죄를 선고했다. 이에 대해 피해자와 검사 측에서는 이 판결이 범죄의 본질이 아니라 법적절차에 관한 것이라고 말했다. 「빌코스비, 3년 만에 감옥에서 석방 … 성폭행혐의의 뒤집혀」, 〈뉴시스〉, 2021년 7월 1일자.

256 모두를 위한 게임 취급 설명서

해 이야기하면서 그가 위선자라는 점이 최악이라고 평하는 것에 대해 다음과 같이 이야기한 바 있다.

"이렇게 말하고 다니는 사람은 없을 거 아니야. '나는 강간하고 싶어. 정치적으로 올바른 말은 아니지만 그래도 강간이 좋다고'(이렇게 말했으면) 적어도 위선자는 아니니까 최악은 아니겠네? 우리가 여자애라고 상상해보자. 빌 코스비가 나한테 접근하더니만 갑자기 내가 쓰러져 버린거야. 정신을 차리고 보니까 이게 뭐야, 내 눈앞에 웬 코스비 성기가 있네. … 도와주세요! 위선이야! 빌 코스비가 나한테 위선을 저지르고 있어요!"[188]

이 고약한 농담이 지적하는 것은 어떤 선후관계의 뒤틀림이다. 물론 위선은 그 자체로 질이 나쁜 행동이다. 공공선을 위해 만들어진 가치들을 자신의 이익을 위해 왜곡하기 때문이다. 무엇보다 이 과정에서 그 가치들이 부당하게 의심받고 훼손된다는 점에서 위선은 나쁘다. 어려운 이들을 돕겠다며 돈을 모으고 그 돈으로 자기 배를 불리는 사람의 경우를 생각해보자. 진상이 밝혀지고 나면 사람들은 그의 악행뿐 아니라 어려운 사람을 돕겠다는 모든 시도에 대해서 의심을 품게 될 것이다. 하지만 위선이 존재하기 때문에 선

---

[188] 「'위선 프레임'은 흥미롭다. 그러나 위험하다」, 김내훈, 〈한겨레〉, 2021년 8월 14일자.

자체를 거부해야 한다는 주장은 전형적인 과도한 일반화의 오류다. 불량식품이 무서우니 아무것도 먹지 말고, 미세먼지가 무서우니 숨을 쉬지 말자는 것이나 마찬가지다.

게다가 북미나 유럽의 게임계를 지나치게 미화하거나 이상화할 이유는 없지만, 그럼에도 한국을 비롯한 아시아의 환경과는 분명한 차이가 있다. 한국의 게임개발자 성비도 1 대 4지만, 누구도 그것이 문제라고 생각하지 않는다. 블리자드의 직원들이 회사에 대해 항의와 파업에 나서자 프랑스의 게임회사 유비소프트 직원 1000여 명이 블리자드 직원들을 지지하는 성명을 발표했다.[189] 이는 한국에서 대부분의 게임회사가 이른바 '사상검증'으로 고초를 겪었던 업계 동료들에게 아무런 조치도 취하지 않았으며 오히려 업계 차원에서 선제적 색출을 했다는 것과 비교하면 두드러지는 차이다.

문제의 핵심은 이것이다. 세상 어디에서도 위선과 나쁜 일은 일어난다. 하지만 그것을 문제라고 인식하고, 얘기하고, 해결하려고 노력하는 것과, 무엇이 문제인지조차 제대로 인지하지 못하는 것 사이에는 하늘과 땅만큼의 차이가 있다. 어느 쪽이 어떤 상황인지는 굳이 이야기하지 않아도 될 것이다.

---

189 「액티비전 블리자드, 소송 이슈 발발 후 한 달간의 타임라인」, 최은상 기자, 〈인벤〉, 2021년 8월 19일자.

모두를 위한 게임 취급 설명서

© 최태섭, 2021

초판 1쇄 인쇄 2021년 10월 28일
초판 1쇄 발행 2021년 11월 8일

지은이 최태섭
펴낸이 이상훈
편집인 김수영
본부장 정진항
인문사회팀 김경훈 권순범
마케팅 김한성 조재성 박신영 조은별 김효진
경영지원 정혜진 이송이

펴낸곳 ㈜한겨레엔 www.hanibook.co.kr
등록 2006년 1월 4일 제313-2006-00003호
주소 서울시 마포구 창전로 70 (신수동) 화수목빌딩 5층
전화 02) 6383-1602~3 **팩스** 02) 6383-1610
대표메일 book@hanien.co.kr

ISBN 979-11-6040-675-7 03300

* 책값은 뒤표지에 있습니다.
* 파본은 구입하신 서점에서 바꾸어 드립니다.